LOW CARB

für Faule

NEUE REZEPTE

Weltbild

SMOOTHIES & SNACKS

FRÜHSTÜCK MIT EI

SALATE

FISCH & FLEISCH

VEGETARISCH

SWEETS

TAGESPLÄNE JEWEILS FÜR 1 PERSON

NOCH MEHR LOW CARB
EASY, FIX & FAUL...

Nachdem der erste Band »Low Carb für Faule« so viel Anklang gefunden hat, legen wir gleich nach mit weiteren 80 Low-Carb-Rezepten, die – alle bequem und easy – ohne großen Aufwand in höchstens 30 Minuten auf dem Tisch stehen.

Auch in diesem Buch heißt die **Devise: weniger Kohlenhydrate, aber dafür wertvolle!** Also bevorzugen wir in unseren Rezepten Kohlenhydrate aus Gemüsen und Hülsenfrüchten, die gleich gesunde Vitalstoffe mitliefern. Mit auf dem Low-Carb-Speiseplan stehen kleine Mengen an Kohlenhydraten aus Obst, Vollkorngetreide und den daraus hergestellten Produkten.

Bei der Zusammenstellung der Rezepte haben wir wieder bewusst auf eine ausreichende Eiweißversorgung geachtet. Eiweiß ist ein wesentlicher Baustoff für alle Strukturen unseres Körpers. Nahrungseiweiß, das darüber hinaus schön satt macht und Heißhungerattacken vorbeugt, steckt vor allem in Fisch, Fleisch, Eiern, Milchprodukten, aber auch reichlich in Hülsenfrüchten sowie Nüssen, Mandeln, Samen oder Tofu. Kein Jieper also auf Naschereien zwischendurch, denn Eiweiß wirkt als Essbremse. **Und so spart man nach einem Low-Carb-Essen ganz automatisch Kalorien.** Und was ist mit Fett? Tatsache: Wer sich Low Carb ernährt, muss beim Fett nicht knausern. Achten sollte man jedoch auf die Art des Fetts: Kein Gesundheitsplus bringen versteckte Fette (z. B. in Wurstwaren und Käse). Gesunde Pflanzenöle aber, wie Raps- und Olivenöl, liefern wertvolle, lebensnotwendige ungesättigte Fettsäuren.

Wer nur wenig Kohlenhydrate isst, hat in seiner Kalorienbilanz viel Platz für Nahrungsmittel, die reichlich Vitamine, Mineralstoffe und – bei pflanzlichen Lebensmitteln – auch gesunde Pflanzenstoffe beinhalten. **Das heißt: Low-Carb-Essen ist Vitalkost!** Salate, Rohkost und gegartes Gemüse, hochwertige Öle, ab und zu Fisch, dazu etwas Vollkorn und Obst. Das ist alles, was wir brauchen.

Machen Sie sich nicht verrückt mit Nährwerten. Auch wenn wir hier zu jedem Rezept genaue Nährwertangaben liefern. Was zunächst zählt, ist die richtige Wahl bei den Lebensmitteln: **Wichtig ist, dass Sie Gemüse und Obst den Vorrang lassen, ausreichend Eiweißhaltiges essen und mäßige Mengen an Kohlenhydraten zu sich nehmen** – und natürliche Lebensmittel bevorzugen, statt stark verarbeitete Fertigprodukte, Fastfood oder Süßigkeiten. Genau dafür sorgt unsere Rezeptauswahl!

LOW CARB BEQUEM – DEN GANZEN TAG!

Für die kohlenhydratarmen Rezepte in diesem Buch gilt: **Sie sind einfach und stressfrei.** Damit folgen wir erneut dem Motto für Faule: Was macht am wenigsten Arbeit?

Schnelle Muntermacher am Morgen: Wer früh noch nicht auf was Festes aus ist, mixt sich am besten cremige Smoothies und erfrischende Drinks, die sich genussvoll aus dem Glas schlürfen lassen. Knackiges und Pikantes gibt's dann später, warm oder kalt – vielleicht auch als Abendimbiss oder zwischendurch.

Ruckzuck-Ei: Eier sind nährstoffreiches, kalorienarmes Kompakt-Food und als sättigendes Frühstück, Mittag- oder Abendessen in Minutenschnelle zubereitet. Angst vor Cholesterin muss man nicht haben, denn es ist widerlegt, dass Gesunde ihren Cholesterinspiegel mit Eiern in die Höhe treiben. Wer Probleme mit seinen Blutfettwerten hat, achtet idealerweise zunächst auf die Art des Fetts im Essen.

Fixe Sattmacher-Salate: Unsere Rezepte für bunte Salate liefern eine volle Mahlzeit mit intensiven Aromen von kräuterfrisch bis pikant. Die rohknackigen und zart gegarten Zutaten stecken zudem voller gesunder Vitalstoffe.

Fisch, Fleisch, Gemüse – rasch zubereitet: In unserer Rezeptauswahl finden Fisch- und Fleischliebhaber leichte Gerichte für ein kohlenhydratarmes Mittag- oder Abendessen. Zudem gibt es vegetarische Low-Carb-Kreationen, bei denen verstärkt Tofu, Käse und Eier auf den Teller kommen. Auch Pilze, Kohl und Hülsenfrüchte sind gute Veggie-Eiweißquellen.

Quick-and-easy-Desserts: Wenn es unbedingt was Süßes sein muss, dann lassen Sie sich von unseren Sweets sanft verführen. Die Köstlichkeiten sind schnell zubereitet und verwöhnen den Gaumen auf fruchtige, erfrischende und würzige Art. Dabei verwenden wir vor allem die natürliche Fruchtsüße.

WIRKLICH BEQUEMES KOCHEN ...

... ist schnell und unkompliziert. Dafür gibt es auch ein paar einfache Tricks. Das heißt zum Beispiel ...

... blitzschnell mixen und pürieren: Auf diese Weise entstehen im Handumdrehen aromatische Dips, feine Dressings und Saucen. Praktisch ist dafür ein elektrischer Zerhacker oder Mixer: Hier sind nur ein paar Umdrehungen nötig – und schon ist aus Früchten und Beeren ein gesunder Smoothie, und aus Kräutern, Knoblauch und etwas Käse ein köstliches Pesto geworden. Auch mit einem Pürierstab kann man in Kombination mit einem hohen Rührbecher ruckzuck alles cremig fein pürieren.

... blitzschnell Knoblauch pressen: Eine Knoblauchpresse leistet hier beste Dienste. Sie ist der Zeitbeschleuniger für die Keine-Lust-auf-fein-hacken-Fraktion. Mit einer Knoblauchpresse ist der Knoblauch in Windeseile startklar für die Zubereitung.

... einfach im Ofen garen: Alles ab aufs Blech oder in die Form, rein in den Backofen, noch ein bisschen Zeitung lesen – und schon ist das Essen fertig!

... geschickt kombinieren: Ob Gebratener Chicorée (Seite 90), Indische Kokoserbsen (Seite 90) oder Thai-Hack-Salat (Seite 105) – mit Low-Carb-Beilage schmeckt auch ein schnell gebratenes Fischfilet, ein Schnitzel oder Steak gleich ganz besonders.

... nehmen, was da ist: Seien Sie kreativ! Heute gab es keine Hähnchenbrust mehr an der Fleischtheke? Egal, mit Schweinefilet schmeckt's genauso gut. Generell gilt: Bei Fleisch, Geflügel und Fisch sind die zarten Teile zum Kurzbraten perfekt. Bevorzugen Sie diese »naturell«, denn in Würzmischungen und Marinaden stecken meist Stärke und Zucker. Für die bequeme Low-Carb-Veggie-Küche sind Eier, Tofu und Hülsenfrüchte aus Dose oder Glas ideale Blitzzutaten.

... TK-Kost nutzen: Bequeme Low-Carb-Kost lässt sich auch mit »schnellen« Produkten wunderbar zubereiten. Mit tiefgefrorenem Gemüse spart man sich das lästige Putzen und Kleinschneiden. Greifen Sie beim Kauf zu purem Gemüse, denn fertig gewürzte Mischungen enthalten häufig Stärke und Zucker.

... bequem würzen: »schnelle« Gewürze und Kräuter sind Rosmarin, Schnittlauch, Oregano, gemahlener Kreuzkümmel, Kurkuma (Gelbwurz) und Cayennepfeffer. Sie verleihen jedem Gericht den besonderen Kick.

... schnelle »Nudeln« aus Gemüse: Mit einem Sparschäler oder Spiralschneider lässt sich Gemüse fix in kohlenhydratarme »Nudeln« verwandeln.

SMOOTHIES & SNACKS

4 X FIXE SMOOTHIES & DRINKS …

AVOCADO-BANANE-MINZE

Für 2 Personen
Pro Person: ca. 380 kcal, 5 g E, 29 g F, 23 g KH

1 **Avocado** (Sorte Hass) halbieren und entkernen, die Hälften schälen und in Würfel schneiden. 1 **Banane** schälen und ebenfalls würfeln. 2 Stängel **Minze** abbrausen, trocken schütteln und die Blätter abzupfen. Avocado, Banane und Minze mit je 100 ml naturtrübem **Apfelsaft** und **Wasser**, 3 EL **Limettensaft**, 2 **Datteln** (ohne Stein) und 20 g **Mandeln** in einen hohen Rührbecher geben und mit einem Stabmixer fein pürieren. Smoothie auf zwei Gläser verteilen und sofort mit Löffeln servieren.

HIMBEER-DATTEL-NUSS

Für 2 Personen
Pro Person: ca. 340 kcal, 8 g E, 23 g F, 24 g KH

300 ml **Mandeldrink**, 30 g **Mandel-** oder **Cashewmus**, 150 g gefrorene **TK-Himbeeren**, 3 **Datteln** (ohne Stein), 30 g **Walnusskerne**, 1 EL geschrotete **Leinsamen**, 1 TL gemahlene **Bourbon-Vanille** und 1 EL **Zitronensaft** in einen hohen Rührbecher geben, mit dem Stabmixer fein pürieren. Nach Belieben den Drink mit 3–5 Tropfen **Ahornsirup** abschmecken, dann auf zwei Gläser verteilen und sofort mit Löffeln servieren.

... geben mit reichlich Vitaminen und Nährstoffen richtig Power für den ganzen Tag. Sie ergänzen so das Frühstück perfekt oder können es an stressigen Tagen, wenn morgens wenig Zeit ist, sogar ersetzen.

FELDSALAT-ANANAS-BASILIKUM

Für 2 Personen

Pro Person: ca. 174 kcal, 4 g E, 11 g F, 13 g KH

100 g **Feldsalat** verlesen, putzen, waschen und trocken schleudern. Von 4–5 Stängeln **Basilikum** die Blätter abzupfen. 100 g **Ananasfruchtfleisch** würfeln. 2 EL **Pinienkerne** in einer Pfanne ohne Fett hellbraun anrösten und sofort wieder herausnehmen. Alles mit 1 EL **Wanussöl**, 100 ml naturtrübem **Apfelsaft** und 200 ml Wasser in einen hohen Rührbecher geben und mit einem Stabmixer fein pürieren. Smoothie auf zwei Gläser verteilen und sofort servieren.

MANGO-KOKOS-INGWER

Für 2 Personen

Pro Person: ca. 265 kcal, 3 g E, 18 g F, 22 g KH

300 g **Mangofruchtfleisch** grob würfeln. 1 Stück **Ingwer** (ca. 20 g) schälen, fein würfeln. Beides mit 200 ml **Kokosmilch** und 2 EL **Limettensaft** in einen hohen Rührbecher geben und mit dem Stabmixer fein pürieren. Smoothie auf zwei Gläser verteilen und sofort servieren.

TIPP:

Der Smoothie schmeckt auch hervorragend, wenn Sie die Hälfte der Mango durch Papaya oder Cantaloupe-Melone ersetzen.

GREEN-POWER-SMOOTHIE

Vitaminreicher Muntermacher

FÜR 2 PERSONEN

70 g Feldsalat
3 Stängel Basilikum
1 haselnussgroßes Stück Ingwer (ca. 10 g)
1 Kiwi
100 ml Orangensaft
200 ml Buttermilch
½ EL Zitronensaft
2 EL Öl
Salz
Süßstoff, nach Belieben

ZUBEREITUNGSZEIT: 10 MIN.
PRO PERSON: CA. 196 KCAL
5 G EW, 13 G F, 12 G KH

1 Den Feldsalat verlesen, putzen, waschen und trocken schleudern. Basilikumblätter von den Stängeln zupfen. Den Ingwer schälen und sehr fein würfeln. Die Kiwi schälen und klein schneiden.

2 Alle vorbereiteten Zutaten mit Orangensaft, Buttermilch, Zitronensaft, Öl und wenig Salz mischen. In einem Standmixer oder in einem Mixbecher mit dem Pürierstab fein pürieren.

3 Den Smoothie auf zwei Gläser verteilen und sofort servieren.

TIPP:

1–2 Stängel Minze anstatt des Basilikums verleihen dem Smoothie eine mentholige Frische. Den Feldsalat kann man durch 1 Handvoll Baby-Blattspinat ersetzen.

HIMBEER-GAZPACHO-SHOT

Fruchtig-scharfer Genuss ohne Kühlzeit

FÜR 2 PERSONEN

1 Stück Salatgurke (ca. 100 g)
1 große Strauchtomate
1 kleine Knoblauchzehe
1 Frühlingszwiebel
1 getrocknete Chilischote
50 g TK-Himbeeren
1 EL Balsamico bianco
1 EL Olivenöl
1–2 TL Ahornsirup oder Agavendicksaft
Kräutersalz
Pfeffer

ZUBEREITUNGSZEIT: 10 MIN.
PRO PERSON: CA. 105 KCAL
1 G EW, 6 G F, 8 G KH

1 Die Gurke schälen und grob würfeln. Die Tomate waschen, ebenfalls grob würfeln und dabei den Stielansatz entfernen. Den Knoblauch schälen. Die Frühlingszwiebel putzen, waschen und klein schneiden.

2 Alle vorbereiteten Zutaten mit der Chilischote und den gefrorenen Himbeeren in einen Mixbecher geben. Essig, Olivenöl und 1 TL Ahornsirup oder Agavendicksaft dazugeben. Alles mit Kräutersalz und Pfeffer würzen, dann mit einem Pürierstab fein pürieren.

3 Die Suppe mit Ahornsirup oder Agavendicksaft abschmecken. Gazpacho auf Gläser verteilen und sofort servieren.

TIPP:

Bereiten Sie mal Grapefruit-Gazpacho zu! Dafür die Himbeeren durch 50 ml Grapefruitsaft ersetzen und die Suppe nach dem Pürieren 15 Min. ins Tiefkühlfach stellen.

2 x ERFRISCHEND & SCHNELL GEMIXT…

LIMETTEN-LASSI

Für 2 Personen
Pro Person: ca. 176 kcal, 5 g E, 11 g F, 13 g KH

8 EL **Joghurt** (10 % Fett) mit 100 ml kalter **Milch**, 4 EL frisch gepresstem **Limettensaft**, 2 EL **Ahornsirup** und **Lassi** mit **Gurke** (ca. 300 g) plus **Schale von einer 1 Zitrone** in einem hohen Rührbecher mit einem Pürierstab aufschlagen. Nach Belieben mit je 1 Prise **Salz** und gemahlenem **Kreuzkümmel** würzen. Nach Belieben mit Süßstoff süßen. Auf 8 **Eiswürfeln** im Glas servieren.

BEEREN-SMOOTHIE

Für 2 Personen
Pro Person: ca. 171 kcal, 6 g E, 11 g F, 11 g KH

150 g **TK-Beeren-Mix** auftauen lassen und mit 300 ml kalter **Milch** in einem hohen Rührbecher mit einem Pürierstab fein pürieren. 2 TL **Rapsöl** zugeben und nach Belieben mit Süßstoff süßen. In ein Glas umfüllen, mit einem langen Löffel servieren.

4 x SCHNELLE WRAPS...

FETA-TOMATEN-FÜLLUNG

Für 2 Wraps
Pro Wrap: ca. 527 kcal, 14 g E, 39 g F, 30 g KH

1 **Knoblauchzehe** schälen und mit 1 großen Handvoll **Basilikumblätter**, 50 ml **Olivenöl** und 1 TL **Essig** pürieren, Marinade mit wenig **Salz** und **Pfeffer** würzen. 100 g **Feta-Käse** klein würfeln und 10 Min. in der Marinade ziehen lassen. Inzwischen 1 **rote Zwiebel** schälen und in Ringe schneiden. 10 **Kirschtomaten** waschen und halbieren. 50 g **Salatmix** waschen und trocken schleudern. Zunächst **Feta** und **Tomaten**, dann **Zwiebeln** und **Salat** auf den **Tortillas** verteilen. Wraps wie beschrieben einrollen.

AVOCADO-APFEL-FÜLLUNG

Für 2 Wraps
Pro Wrap: ca. 473 kcal, 7 g E, 29 g F, 42 g KH

1 kleinen **Apfel** waschen, halbieren, das Kerngehäuse entfernen und die Hälften klein schneiden. 1 **Frühlingszwiebel** putzen, waschen und in Ringe schneiden. 1 reife **Avocado** halbieren, entkernen, schälen und klein schneiden. Alles mit 60 g **Salatmayonnaise**, 2 EL **Zitronensaft** und 1 TL Senf verrühren. 2 **Knoblauchzehen** schälen und dazupressen. Mischung mit **Salz** und **Pfeffer** abschmecken. 1 **Salatherz** zerpflücken, waschen, trocken schleudern und in Streifen schneiden. Zunächst die Avocado-Apfel-Mischung, dann den Salat auf den Tortillas verteilen. Wraps wie beschrieben einrollen.

... für unterwegs: Dafür je 2 weiche Weizentortillas (Fertigprodukt) nacheinander in einer Pfanne ohne Fett erwärmen. Herausnehmen, mit der Füllung belegen und rechts und links ein wenig einschlagen. Wraps dann eng aufrollen und zum Transport in Pergamentpapier wickeln.

RUCOLA-ZIEGENKÄSE-FÜLLUNG

Für 2 Wraps

Pro Wrap: ca. 518 kcal, 20 g E, 28 g F, 46 g KH

50 g **Rucola** putzen, waschen und trocken schleudern. Die Blätter nach Belieben klein zupfen. 120 g **Ziegenkäserolle** in Scheiben schneiden. Tortillas mit je 1 TL **Senf** und gut 1 EL **Frischkäse** bestreichen und mit Ziegenkäsescheiben, 40 g getrockneten **Cranberrys** und Rucola belegen. Mit **Pfeffer** würzen und mit je 1 EL **Aceto balsamico** beträufeln. Wraps wie beschrieben einrollen.

SPINAT-KICHERERBSEN-FÜLLUNG

Für 2 Wraps

Pro Wrap: ca. 750 kcal, 29 g E, 43 g F, 56 g KH

1 Dose **Kichererbsen** (Abtropfgewicht 240 g) in ein Sieb abgießen, kalt abspülen und abtropfen lassen. Mit 80 g **Salatmayonnaise** und 2 EL **süßer Chilisauce** verrühren und mit **Salz** und **Pfeffer** würzen. 150 g **Räuchertofu** in Streifen schneiden und in einer Pfanne in **Öl** anbraten. 100 g **Blattspinat** (küchenfertig) dazugeben und zusammenfallen lassen. Tofu-Spinat-Mischung mit je 1 EL **Weißweinessig** und **Sojasauce** würzen. Mit **Salz** und **Pfeffer** abschmecken. Erst die Kichererbsen, dann die Tofu-Spinat-Mischung und 60 g **grüne Oliven** (ohne Stein) auf die Tortillas geben. Wraps wie beschrieben einrollen.

4 x FIXE KLEINIGKEITEN ...

MELONENCROSTINI

Für 2 Personen
Pro Person: ca. 429 kcal, 16 g E, 26 g F, 31 g KH

250 g **Cantaloupe-** oder **Galiamelone** entkernen, schälen, grob würfeln. 50 g schwarze **Oliven** (ohne Stein) in dünne Ringe schneiden. 1 Bund **Minze** abbrausen und trocken schütteln, Blätter abzupfen und etwas kleiner zupfen. Alles in einer Schüssel mischen.
1 **Knoblauchzehe** schälen und dazupressen, 1 getrocknete **Chilischote** dazubröseln.
1 EL **Balsamico bianco** und 1 EL **Öl** dazugeben, mit **Salz** und **Pfeffer** herzhaft würzen und alles kräftig durchrühren. 150 g **Tofu** klein würfeln. 2 EL **Öl** in einer Pfanne erhitzen, Tofu darin in 6– m 8 Min. braun braten, mit **Salz** würzen und unter die Melonen mengen. 2 dicke Scheiben **Kastenweißbrot** toasten, diagonal halbieren und die Tofu-Melonen-Mischung darauf verteilen.

AUBERGINENRÖLLCHEN

Für 2 Personen
Pro Person: ca. 214 kcal, 4 g E, 15 g F, 13 g KH

1–2 EL **Balsamico bianco**,1 TL **Ahornsirup** und je ½ TL gemahlenen **Rosmarin** und rosenscharfes **Paprikapulver** verrühren.
1 **Knoblauchzehe** schälen und dazupressen. Die Marinade mit **Salz** würzen. 1 kleine **Aubergine** putzen, waschen und längs in zehn Scheiben schneiden (beide Randscheiben anderweitig verwenden). Scheiben in zwei Portionen in je 1 EL **Öl** von beiden Seiten jeweils 4 Min. goldbraun braten, in der Marinade wenden und kurz abkühlen lassen. Je 8 getrocknete **Tomaten** (in Öl ca. 70 g) und gegrillte eingelegte **Paprikastücke** (ca. 100 g) abtropfen lassen. Auf eine schmale Seite jeder Auberginenscheibe je 1 **Minze-** oder **Basilikumblatt**, 1 Tomate und 1 Paprikastück legen. Einrollen und mit Holzspießchen fixieren.

... für ein kulinarisches Stückchen Italien oder Spanien auf dem Teller daheim – und das ohne viel Aufwand.

TOFUSTICKS MIT AIOLI

Für 2 Personen
Pro Person: ca. 275 kcal, 12 g E, 23 g F, 4 g KH

Für die Aioli 1 EL zimmerwarmen **Sojajoghurt** mit 1 TL **Zitronensaft** und etwas **Salz** verrühren. 1 **Knoblauchzehe** schälen und dazupressen. Mit dem Schneebesen kräftig tröpfchenweise 1 EL **Walnussöl** unterschlagen, bis eine feste Creme entstanden ist. 150 g **Tofu** in grobe Würfel schneiden. 1 EL **neutrales Öl** in einer Pfanne erhitzen und die Tofuwürfel darin 5 Min. rundum goldbraun anbraten. 1 EL **Zitronensaft** und je ½ TL gemahlenen **Rosmarin** und **Ahornsirup** oder **Agavendicksaft** hinzufügen, mit **Salz** würzen und noch kurz weiterbraten. Tofu mit 80 g grünen oder schwarzen **Oliven** (ohne Stein) auf Holzspießchen stecken (nach Belieben auch mit getrockneten Tomaten in Öl). Mit der Aioli zum Dippen servieren.

SESAM-SÜSSKARTOFFELN MIT MOJO

Für 2 Personen
Pro Person: ca. 446 kcal, 6 g E, 19 g F, 48 g KH

1 **Süßkartoffel** (ca. 300 g) schälen und grob würfeln. In einer Pfanne 2 EL **Olivenöl** erhitzen, darin die Süßkartoffel abgedeckt bei mittlerer Hitze ca. 15 Min. braten, dabei hin und wieder wenden. 2 **Knoblauchzehen** schälen und durchpressen. Mit 1 EL **Essig**, 2 TL **Ahornsirup** oder **Agavendicksaft**, 2 EL **Wasser** und je 1 ½ TL **edelsüßem** und **rosenscharfem Paprikapulver** verrühren. Die **Mojo** mit **Salz** abschmecken. Nach ca. 10 Min. 2 EL **Sesamsamen** zu den **Süßkartoffeln** geben und 5 Min. mitbraten. Dann mit 2 EL **Limettensaft** ablöschen und 1 TL **TK-Petersilie** untermischen, mit **Salz** abschmecken. Süßkartoffelwürfel mit der Mojo zum Dippen servieren.

GEMÜSESTICKS IN GERÄUCHERTER PUTENBRUST MIT SENFRAHM

Würzig leicht und lecker

FÜR 2 PERSONEN

1 Möhre
1 rote Paprikaschote
150 g Salatgurke
¼ Bund Schnittlauch
80 g saure Sahne (10 % Fett)
2 TL Senf
Salz
Pfeffer
200 g geräucherte Putenbrust
(in feine Scheiben geschnitten)
2 Scheiben Vollkornknäckebrot
Zahnstocher oder Schnittlauchhalme zum Fixieren

ZUBEREITUNGSZEIT: 15 MIN.
PRO PERSON: CA. 242 KCAL
29 G EW, 6 G F, 17 G KH

1 Die Möhre schälen, putzen und in dünne Streifen schneiden. Die Paprikaschote waschen und putzen, das Fruchtfleisch in dünne Streifen schneiden. Die Gurke schälen und ebenfalls in dünne Streifen schneiden.

2 Den Schnittlauch waschen und trocken schütteln. Saure Sahne und Senf vermischen, mit Salz und Pfeffer abschmecken.

3 Die Gemüsesticks und den Schnittlauch auf den Putenbrustscheiben verteilen. Die Scheiben aufrollen und mit Zahnstochern oder Schnittlauchhalmen fixieren.

4 Den Senfrahm zu den Putenröllchen anrichten. Das Knäckebrot dazureichen.

AVOCADOFÄCHER MIT GARNELEN UND TOMATEN-PAPRIKA-SALSA

Macht was her

FÜR 2 PERSONEN

1 kleine reife Avocado (ca. 175 g)
2–3 EL Zitronensaft
1 Tomate
1 gelbe Paprikaschote
1 Frühlingszwiebel
2 EL gehacktes Koriandergrün (ersatzweise glatte Petersilie)
Salz
Cayennepfeffer
150 g gegarte geschälte Garnelen

ZUBEREITUNGSZEIT: 15 MIN.
PRO PERSON: CA. 247 KCAL
13 G EW, 19 G F, 7 G KH

1 Die Avocado halbieren und den Kern entfernen. Die Schale mit einem scharfen Messer abschneiden. Fruchtfleisch fächerförmig einschneiden und portionsweise auf flachen Tellern anrichten. Die Avocadofächer mit 1 EL Zitronensaft beträufeln.

2 Die Tomate waschen, den Stielansatz entfernen und fein würfeln. Die Paprikaschote putzen und waschen, das Fruchtfleisch fein würfeln. Die Frühlingszwiebel putzen, waschen und in dünne Ringe schneiden.

3 Tomaten- und Paprikawürfel, Frühlingszwiebelringe, Koriandergrün und 1–2 EL Zitronensaft vermischen. Mit Salz und Cayennepfeffer abschmecken. Die Garnelen auf die Avocadofächer geben und die Salsa darüber verteilen.

HERZHAFTER OBSTSALAT

Schneller Power-Snack

FÜR 2 PERSONEN

2 Kiwis
200 g kernlose Weintrauben (rot oder blau)
1 Avocado (Hass)
40 g Pecorino (ersatzweise Parmesan)
2 TL Limettensaft
4 EL Pekannusskerne (ersatzweise Walnusskerne)
Salz
Pfeffer

ZUBEREITUNGSZEIT: 10 MIN.
PRO PORTION CA. 570 KCAL
10 G E, 47 G F, 24 G KH

1 Die Kiwis schälen, längs halbieren und quer in dünne Scheiben schneiden. Die Weintrauben waschen und von den Stielen zupfen. Die Avocado vom Kern befreien, schälen und längs halbieren und ebenfalls quer in dünne Scheiben schneiden. Den Pecorino grob raspeln.

2 Kiwis, Weintrauben und Avocado mit dem Limettensaft vermischen. Nüsse und Käse unterheben, den Salat mit Salz und Pfeffer würzen. Sofort genießen oder in eine Transportbox oder ein Schraubglas füllen und mitnehmen.

TIPP:
Die Blättchen von 2 Basilikumstängeln sind eine willkommene Ergänzung für diesen Salat. Die Trauben kann man durch 4 klein geschnittene Pflaumen ersetzen.

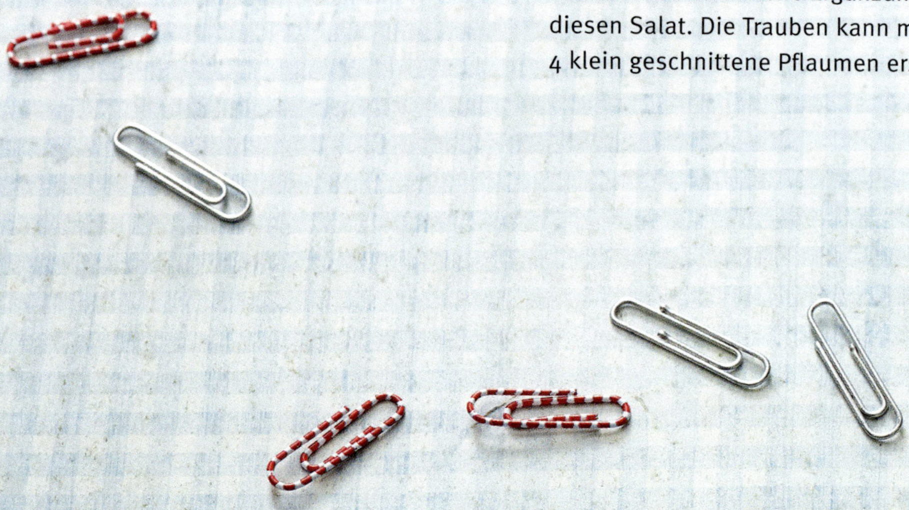

GEFÜLLTE TOMATEN MIT THUNFISCH

Sommerlicher Appetitmacher

FÜR 2 PERSONEN

1 kleine rote Zwiebel
1 Knoblauchzehe
1 Avocado (Hass)
1 Dose Thunfisch (im eigenen Saft; ca. 130 g Abtropfgewicht)
2 EL Limettensaft
3 EL Apfelessig
Salz
Pfeffer
Cayennepfeffer
4 Tomaten
1 EL Olivenöl
50 g Blattsalat-Mix (gewaschen und küchenfertig)

ZUBEREITUNGSZEIT: 20 MIN.
PRO PERSON: CA. 345 KCAL
19 G E, 25 G F, 6 G KH

1 Die Zwiebel und den Knoblauch schälen und fein würfeln. Die Avocado halbieren und entkernen, die Hälften schälen und klein würfeln. Thunfisch abtropfen lassen und grob zerpflücken. Alles mit Limettensaft und 2 EL Apfelessig vermischen. Mit Salz, Pfeffer und Cayennepfeffer würzen.

2 Die Tomaten waschen und jeweils einen kleinen Deckel abschneiden. Die Deckel fein hacken, dabei die Stielansätze entfernen. Zerkleinerte Tomaten unter die Avocado-Thunfisch-Mischung mengen. Die Tomaten mit einem Löffel entkernen. Die Hälfte der Avocado-Thunfisch-Mischung in die Tomaten füllen.

3 Übrigen Apfelessig, Olivenöl, Salz und Pfeffer verrühren und mit dem Blattsalat vermischen, restlichen Avocado-Thunfisch-Mix unterheben. Salat auf kleine Teller verteilen, die gefüllten Tomaten daraufsetzen.

TIPP:

Der Avocado-Thunfisch-Mix schmeckt auch ohne Tomaten und Salat wunderbar – etwa zu Süßkartoffel-Pommes. Dafür den Backofen auf 200° vorheizen. 300 g Süßkartoffeln schälen, in pommesgroße Stifte schneiden und in einer Schüssel mit 2 EL zerlassenem Ghee mischen. Pommes auf einem mit Backpapier ausgelegten Blech im Ofen (Mitte) 25 Min. backen. Mit Meersalz bestreuen, fertig.

FRÜHSTÜCK MIT EI

4 x SCHNELL AUS DER SCHALE

HART GEKOCHTES EI

Das Ei: Super-bequem-Food schlechthin / von Natur aus gut verpackt / ergibt auch »pur« ein richtiges Essen / am besten Bio-Eier von frei laufenden Hühnern kaufen / Eier möglichst im Kühlschrank aufbewahren, damit sie länger frisch bleiben / Eier (Größe M) mit kaltem Wasser in einem Topf aufkochen lassen, dann 8 – 10 Min. hart kochen, kalt abschrecken und schälen / Eihälften mit grobem Meersalz und geröstetem Sesam in Schälchen zum Dippen servieren / Tipp: hart gekochtes Ei in Scheiben geschnitten als Sandwich-Belag oder als Salatdeko / oder gehacktes hart gekochtes Ei als »Topping« für Suppen / oder hart gekochtes Ei mit Cocktailsauce oder Chili-Aioli als schneller Eiersalat.

RÜHREI

Für 1 Person 2 Eier (Größe M) mit Salz und Pfeffer in einer Schüssel verrühren. 1 EL Butter in einer kleinen, beschichteten Pfanne erhitzen. Eimasse zugeben und bei mittlerer Hitze unter Rühren 3 – 4 Min. stocken lassen, bis das Rührei noch cremig, aber nicht mehr »glibberig« ist / Tipp: Rührei mit Frühlingszwiebelringen, die vorher in der Butter angedünstet werden / oder mit Schnittlauchröllchen / oder mit je 2 EL Sahne und geriebenem Emmentaler, die mit den Eiern verrührt werden / oder mit feinen Streifen Frühstücksspeck oder Schinken, die vorher in Butter angebraten werden.

WACHSWEICHES EI

Die Eier (Größe M) in kochendes Wasser geben, 6 – 7 Min. (je nach Dicke der Schale – das muss man einfach austesten) kochen, kalt abschrecken / bei »wachsweichen« Eiern ist das Eigelb nicht mehr flüssig, aber noch weich / nach dem Abschrecken schälen, längs halbieren und auf Salat anrichten / oder in einen Eierbecher setzen, eine kleine Kuppe abschlagen, 1 TL Forellenkaviar daraufgeben und zum Brunch servieren / Tipp: Ei schälen, fein hacken, mit frischen Schnittlauchröllchen, Salz und Cayennepfeffer vermischen und als schnellen Dip zu gekochtem grünem Spargel oder anderem Gemüse verwenden.

SPIEGELEI

Für 1 Spiegelei 1 TL Butter in einer kleinen beschichteten Pfanne erhitzen. 1 Ei (Größe M) hineinschlagen und 4 – 5 Min. bei mittlerer Hitze braten, bis das Eiweiß fest ist. Jetzt erst salzen und pfeffern / kann man als »Strammen Max« auf einer gebutterten Scheibe Bauernbrot mit Schinken und Gewürzgurke servieren / Tipp: Spiegelei mit knusprig gebratenem Frühstücksspeck als »Ham and Eggs« / oder mit zerlaufenem Eigelb und von beiden Seiten gebraten – kalt oder warm – als Sandwich-Einlage.

ZUCCHINOMELETT

Mit Ruckzuck-Raspelgemüse

1 Die Zucchini putzen, waschen und auf der Gemüsereibe grob raspeln.

2 Die Frühlingszwiebeln putzen, waschen und quer in dünne Ringe schneiden. Knoblauch schälen und fein hacken.

FÜR 2 PERSONEN

2 kleine Zucchini
2 Frühlingszwiebeln
1–2 Knoblauchzehen
4 EL Olivenöl
4 Eier (Größe M)
½–1 TL Harissa
2–3 Prisen gemahlener Kreuzkümmel
Cayennepfeffer
Salz

ZUBEREITUNGSZEIT: 15 MIN.
PRO PERSON: CA. 407 KCAL
16 G EW, 35 G F, 8 G KH

3 In einer beschichteten Pfanne (ca. 20 cm Ø) 2 EL Öl erhitzen. Zucchiniraspel mit Frühlingszwiebeln und Knoblauch darin unter Rühren bei mittlerer Hitze 5 – 6 Min. braten.

4 Die Eier in einer Schüssel glatt verrühren und mit Harissa, Kreuzkümmel, Cayennepfeffer und Salz würzen. Gebratenen Zucchini-Mix zu den Eiern geben. Die Pfanne mit Küchenpapier ausreiben und restliches Olivenöl darin erhitzen.

5 Die Eier-Gemüse-Mischung in die Pfanne geben und alles zugedeckt bei geringer Hitze 5 – 6 Min. braten.

6 Das Omelett auf einen Teller oder ein Brett gleiten lassen und wie eine Pizza in »Tortenstücke« schneiden. Warm oder abgekühlt essen.

TIPP:

Ist das Omelett auf der Oberseite noch zu weich? Einfach schwungvoll die Pfanne samt Deckel (beides gut festhalten und aufeinanderdrücken!) umdrehen. Omelett vom Deckel wieder vorsichtig in die Pfanne gleiten lassen und auf der anderen Seite 2 – 3 Min. braten.

PAPRIKA-SALAMI-TORTILLA

Blitzschnell aus der Pfanne

1 Die gerösteten Paprikaschoten auf Küchenpapier abtropfen lassen und dann in nicht zu dünne Streifen schneiden.

2 Die Frühlingszwiebeln putzen, waschen und quer in dünne Ringe schneiden. Salamischeiben übereinanderlegen und in feine Streifen schneiden.

FÜR 2 PERSONEN

200 g geröstete, gehäutete Paprikaschoten (aus dem Glas)
4 Frühlingszwiebeln
80 g Salami (in dünnen Scheiben)
4 EL Olivenöl
4 Eier (Größe M)
Salz
3 Prisen Cayennepfeffer
4 EL geriebener Mozzarella (aus der Tüte)

ZUBEREITUNGSZEIT: 15 MIN.
PRO PERSON: CA. 667 KCAL
29 G EW, 56 G F, 12 G KH

3 In einer kleinen beschichteten Pfanne (ca. 20 cm Ø) 2 EL Öl erhitzen. Paprika, Frühlingszwiebeln und Salami dazugeben und unter Rühren bei mittlerer Hitze 3 – 4 Min. braten.

4 Die Eier in einer Schüssel verrühren und mit Salz und Cayennepfeffer würzen.

5 Paprika-Salami-Mix und den Mozzarella zu den Eiern geben, alles gut vermischen. Die Pfanne mit Küchenpapier ausreiben, restliches Olivenöl darin erhitzen.

6 Die Eier-Salami-Käse-Mischung in die Pfanne geben und alles zugedeckt bei geringer Hitze 5 – 6 Min. braten.

7 Die Tortilla auf einen Teller gleiten lassen und wie eine Pizza in »Tortenstücke« schneiden. Warm oder abgekühlt essen.

ZIEGENKÄSEOMELETT

Mit Rucola-Tomaten-Topping

FÜR 2 PERSONEN

1–2 Knoblauchzehen
100 g Ziegenfrischkäse (von der Rolle)
2 EL Olivenöl
4 Eier (Größe M)
Salz
2 Prisen Cayennepfeffer
1 große Handvoll Rucola
8 Kirschtomaten

ZUBEREITUNGSZEIT: 10 MIN.
PRO PERSON: CA. 355 KCAL
18 G EW, 29 G F, 6 G KH

1 Den Knoblauch schälen und durch die Presse drücken oder fein hacken. Den Ziegenfrischkäse grob zerkleinern.

2 In einer kleinen beschichteten Pfanne (ca. 20 cm Ø) das Öl erhitzen. Den Knoblauch darin bei geringer Hitze 1–2 Min. andünsten.

3 Die Eier mit dem Ziegenkäse verrühren, mit Salz und Cayennepfeffer würzen. Alles zum Knoblauch in die Pfanne geben, gut vermischen.

4 Das Omelett zugedeckt bei geringer Hitze 4–5 Min braten. Inzwischen den Rucola putzen, waschen und trocken schleudern oder mit Küchenpapier trocken tupfen. Die Kirschtomaten waschen und halbieren.

5 Das Omelett auf einen Teller gleiten lassen, Rucolablättchen und Tomaten darauf anrichten.

ITALIENISCHES RÜHREI

Pfannenglück im Handumdrehen

FÜR 2 PERSONEN

16 halb getrocknete Kirschtomaten (in Öl eingelegt)
60 g Pecorino (ersatzweise Parmesan)
4 Eier (Größe L) **oder 6 Eier** (Größe M)
2 EL Butter
3 EL italienische TK-Kräuter
Salz
Pfeffer

ZUBEREITUNGSZEIT: 10 MIN.
PRO PERSON: CA. 440 KCAL
26 G E, 35 G F, 1 G KH

1 Die Tomaten abtropfen lassen. Den Pecorino fein reiben. Die Eier aufschlagen und verquirlen.

2 Die Butter in einer beschichteten Pfanne schmelzen, darin die Kräuter andünsten. Die Tomaten dazugeben und heiß werden lassen. Die Eier in die Pfanne geben und mit dem Pecorino bestreuen. Die Unterseite der Eiermasse bei geringer bis mittlerer Hitze sanft stocken lassen.

3 Mit einem Pfannenwender den unteren, gestockten Teil der Eiermasse so zusammenschieben, dass die noch flüssige Masse in die freien Bereiche der Pfanne läuft und ebenfalls stockt. Zum Schluss nochmals die gesamte Masse durch die Pfanne schieben.

4 Die Pfanne sofort vom Herd nehmen und das fertige Rührei mit Salz und Pfeffer würzen.

TIPP:
Noch italienischer wird das saftige Rührei, wenn man in feine Streifen geschnittenes Basilikum darüberstreut.

CAPRESE MIT EI UND PARMESAN

Italo-Hit mal ganz anders

FÜR 2 PERSONEN

3 Eier (Größe M)
1 EL Honigsenf
1 EL Aceto balsamico bianco
1 EL Olivenöl
Salz
Pfeffer
2 Tomaten
2 Stängel Basilikum
1 EL Pinienkerne
20 g Parmesan (am Stück)

ZUBEREITUNGSZEIT: 25 MIN.
PRO PERSON: CA. 250 KCAL
13 G E, 19 G F, 6 G KH

1 Die Eier je nach Wunsch in 6–7 Min. wachsweich oder 8–10 Min. hart kochen. Dann abgießen und in kaltem Wasser auskühlen lassen, anschließend schälen und der Länge nach in dünne Scheiben schneiden.

2 Inzwischen für das Dressing Senf, Essig und Öl verrühren, mit Salz und Pfeffer würzen. Die Tomaten waschen und in dünne Scheiben schneiden, dabei die Stielansätze entfernen. Basilikumblätter von den Stängeln zupfen. Die Pinienkerne in einer Pfanne hellbraun anrösten und sofort wieder herausnehmen.

3 Ei- und Tomatenscheiben abwechselnd dachziegelartig auf einer großen Platte oder auf vier Tellern auslegen. Mit Salz und Pfeffer würzen und mit dem Dressing beträufeln. Die Basilikumblätter und die Pinienkerne darüberstreuen. Den Parmesan mit dem Sparschäler in Späne hobeln und über der Caprese verteilen. Dazu passen Brötchen oder knuspriger Toast.

TIPP:
Das Honigsenf-Dressing nach Belieben durch helle oder dunkle Crema di balsamico ersetzen.

GARNELENRÜHREI MIT ZUCCHINI

Genießerfrühstück mit Eiweißplus

FÜR 2 PERSONEN

250 g TK-Garnelen (geschält)
1 Zucchino
4 getrocknete Tomaten
4 Eier (Größe M)
1 TL Currypulver
100 ml ungesüßter Mandeldrink
Kräutersalz
2 TL Ghee (ersatzweise Kokosöl)
½ Pck. TK-Zwiebel-Duo
1 EL Limettensaft
Pfeffer

ZUBEREITUNGSZEIT: 20 MIN.
PRO PERSON: CA. 330 KCAL
29 G E, 20 G F, 6 G KH

1 Die Garnelen antauen lassen. Den Zucchino waschen und in kleine Würfel schneiden. Die Tomaten in feine Streifen schneiden. Die Eier mit dem Currypulver und dem Mandeldrink verrühren, mit Kräutersalz würzen. Die Garnelen waschen, trocken tupfen und klein schneiden.

2 Ghee in einer Pfanne erhitzen, das Zwiebel-Duo darin anbraten. Zucchino und Garnelen dazugeben und 3 Min. mitbraten. Mit Limettensaft ablöschen und diesen verkochen lassen. Die Tomaten unterrühren, leicht salzen und pfeffern.

3 Die verquirlten Eier dazugeben und etwas stocken lassen. Dann mit dem Pfannenwender immer wieder vom Pfannenboden lösen, bis die Eiermasse gerade gestockt ist. Das Rührei mit Kräutersalz und Pfeffer abschmecken, auf Teller verteilen und servieren.

SALATE

4 x SUPERSCHNELLE SALATE...

SPARGEL-BROT-SALAT

Für 2 Personen
Pro Person: ca. 483 kcal, 6 g E, 35 g F, 32 g KH

2 EL **Aceto balsamico**, 1 TL scharfen **Senf** und 2 TL **Ahornsirup** verrühren. 3 EL **Rapsöl** unterschlagen, mit **Salz** und **Pfeffer** würzen. 1 **rote Zwiebel** schälen und in möglichst dünne Streifen schneiden. 5 **Radieschen** putzen, waschen und in dünne Scheiben schneiden. 250 g **Datteltomaten** waschen und halbieren. 250 g **grünen Spargel** waschen, im unteren Drittel schälen, die Enden abschneiden. Spargel in ca. 4 cm lange Stücke schneiden, in einer Pfanne in 1 EL **Rapsöl** 5 Min. anbraten. 1 TL **Ahornsirup** und ½ EL **Aceto balsamico** untermischen. Mit **Salz** und **Pfeffer** würzen und aus der Pfanne nehmen. Pfanne auswischen und darin 1 cm hoch **Rapsöl** erhitzen. 1 **Baguettebrötchen** quer in Scheiben schneiden und im Öl anbraten. Auf Küchenpapier abtropfen lassen. Alle Zutaten mischen, Salat servieren.

BUNTER SOMMERSALAT

Für 2 Personen
Pro Person: ca. 344 kcal, 12 g E, 24 g F, 16 g KH

2 EL **Limettensaft**, 2 TL scharfen **Senf** und 1 EL **Rohrohrzucker** verrühren. 1 **Knoblauchzehe** schälen und dazupressen. 2 EL **Rapsöl** unterschlagen, mit **Salz** und **Pfeffer** würzen. 2 Bund **Kräuter** (z.B. Basilikum, Petersilie, Kerbel, Minze) abbrausen, trocken schütteln und die Blätter abzupfen. 1 **rote Zwiebel** schälen und in dünne Streifen schneiden. Die Kräuter und die Zwiebel mit 50 g **schwarzen Oliven** und 100–150 g **Blattsalat-Mix** mischen. 1 **Zucchino** waschen, putzen, längs vierteln und quer in dünne Scheiben schneiden. 100 g **Tofu** grob würfeln. 1 EL **Rapsöl** in einer Pfanne erhitzen, Zucchino und Tofu darin goldbraun braten. 1 EL Dressing zugeben, mit **Salz** und **Pfeffer** würzen. Das übrige Dressing mit dem Salat mischen. Den Salat anrichten, Tofu und Zucchini darauf verteilen und servieren.

... die genauso einfach zubereitet wie raffiniert kombiniert sind. So ist knackig-frischer Salatgenuss rund ums Jahr garantiert.

HERBSTLICHER LINSENSALAT

Für 2 Personen
Pro Person: ca. 427 kcal, 16 g E, 18 g F, 44 g KH

1 Dose **Linsen** (ca. 265 g Abtropfgewicht) in ein Sieb abgießen, abbrausen und gut abtropfen lassen. 2 EL **Apfelessig** oder **Balsamico bianco**, 1 TL scharfen **Senf** und 1 TL **Rohrohrzucker** verrühren. 2 EL **Rapsöl** unterschlagen, mit **Salz** und **Pfeffer** würzen. Das Dressing mit den Linsen vermischen. 2 **Frühlingszwiebeln** putzen, waschen, in dünne Ringe schneiden. 1 säuerlichen **Apfel** (z. B. Boskop) waschen, vierteln, entkernen und fein würfeln oder in Scheiben schneiden. 2 EL **Kerne** oder **Nüsse** (z. B. Sonnenblumen-, Kürbis- oder Pinienkerne oder Haselnussblättchen) in einer Pfanne ohne Fett goldbraun anrösten. Die Frühlingszwiebeln, Apfel, Kerne oder Nüsse und 50 g **Blattsalat-Mix** mit den Linsen mischen. Den Salat kurz ziehen lassen, dann servieren.

MÖHREN-RADICCHIO-SALAT

Für 2 Personen
Pro Person: ca. 306 kcal, 4 g E, 23 g F, 17 g KH

1 EL **Zitronensaft**, 2 EL **Orangensaft** und 2 TL **Ahornsirup** oder **Agavendicksaft** verrühren. 2 EL **Walnussöl** unterschlagen, mit **Salz** und **Pfeffer** würzen. 1 große **Möhre** schälen, grob raspeln. 100 g **Radicchioblätter** waschen, trocken tupfen und in feine Streifen schneiden. 1 **Mandarine** schälen, in einzelne Segmente teilen und diese halbieren, dabei Kerne entfernen. 1 **Kiwi** schälen, längs vierteln, quer in Scheiben schneiden. 30 g **Walnusskerne** in grobe Stücke brechen. Alle vorbereiteten Zutaten mischen. Den Salat kurz ziehen lassen, dann servieren.

TIPP:
Statt Radicchio schmeckt Chicorée oder Rucola auch sehr fein. Mildere Alternativen sind Spitzkohl oder Chinakohl.

FELDSALAT MIT SMOOTHIE-DRESSING

Für 2 Personen

Pro Person: ca. 205 kcal, 3 g E, 18 g F, 8 g KH

Für das Dressing ½ **rote Zwiebel** schälen, fein würfeln und mit 1 EL **Aceto balsamico bianco** (noch besser Apfel-Balsamico) und etwas **Salz** verrühren, kurz ziehen lassen. 1 Handvoll **Feldsalat** verlesen, waschen und trocken schleudern. 60 g **kernlose Weintrauben** waschen und von den Stielen zupfen. 3 – 4 **Radieschen** waschen, putzen und in dünne Scheiben schneiden.

Feldsalat, Trauben, Radieschen und 8 **Walnusskerne** (wer möchte, zerkleinert sie zuvor etwas) in einer Schüssel mischen. 1–2 EL **roten Frucht-Smoothie** (z.B. Beeren-Smoothie, Seite 16) und 1 EL **Rapsöl** mit der Essig-Zwiebel- Mischung verrühren. Mit **Salz** und **Pfeffer** abschmecken. Mit dem Salat mischen.

TOMATEN-KAKI-SALAT MIT FETA

Für 2 Personen

Pro Person: ca. 240 kcal, 8 g E, 17 g F, 13 g KH

Für das Dressing 1 EL **Aceto balsamico bianco**, 1 TL **Honig** und 1 EL **Olivenöl** verrühren, mit **Salz** und **Pfeffer** abschmecken. In einer Pfanne 1 EL **Pinienkerne** hellbraun anrösten und zum Dressing geben. 200 g **Kirschtomaten** waschen und halbieren. 1 **Kaki** putzen, waschen, vierteln, in dünne Scheiben schneiden. 80 g **Schafkäse** (Feta) klein würfeln oder grob zerbröckeln. 2 Stängel **Minze** abbrausen und trocken schütteln, die Blätter abzupfen und in feine Streifen schneiden. Alles mit dem Dressing mischen.

TIPP:

Die Kaki nach Belieben durch 150 g Feigen oder Physalis ersetzen.

ROTE-BETE-CARPACCIO

Blitzschneller Genießerschmaus

FÜR 2 PERSONEN

1 EL Zitronensaft
1 TL Ahornsirup (oder Agavendicksaft)
1 TL körniger Senf
1 EL Kürbiskernöl
1 Knoblauchzehe
Kräutersalz
1 Glas Rote-Bete-Scheiben
(220 g Abtropfgewicht)
50 g kernlose blaue Weintrauben
2 EL Kürbiskerne
1 Kästchen Gartenkresse

ZUBEREITUNGSZEIT: 15 MIN.
PRO PERSON: CA. 193 KCAL
6 G EW, 11 G F, 14 G KH

1 Den Zitronensaft mit Ahornsirup oder Agavendicksaft, Senf und dem Kürbiskernöl verrühren. Den Knoblauch schälen und dazupressen. Das Dressing mit Kräutersalz abschmecken.

2 Die Rote-Bete-Scheiben in ein Sieb abgießen, abbrausen und abtropfen lassen. Weintrauben waschen und von den Stielen zupfen. Die Kürbiskerne in einer Pfanne ohne Fett anrösten, bis sie zu knacken beginnen und leicht gebräunt sind.

3 Die Rote-Bete-Scheiben auf zwei Tellern auslegen und die Weintrauben darauf verteilen. Mit dem Dressing beträufeln, Kürbiskerne darüber streuen. Die Kresse mit einer Schere vom Beet schneiden. Ein wenig Kresse über das Carpaccio streuen, den Rest jeweils in der Mitte des Tellers als Häufchen anrichten.

TIPP:
Schnell zubereitet ist auch ein Zucchini-Carpaccio. Dafür 1 Zucchino (250 g) putzen, waschen, in hauchdünne Scheiben schneiden und wie oben beschrieben mit den anderen Zutaten auf zwei Tellern anrichten.

AVOCADO-BOHNEN-SALAT

Schneller Sattmacher für den Sommer

FÜR 2 PERSONEN

1 Glas Artischockenherzen (165 g Abtropfgewicht)
150 g weiße Bohnenkerne
125 g Datteltomaten
1 rote Zwiebel
1 Bund Petersilie
1 kleine Avocado
2 EL Apfelessig
½ EL Ahornsirup (oder Agavendicksaft)
1 Knoblauchzehe
2 EL Olivenöl
Salz
Pfeffer

ZUBEREITUNGSZEIT: 15 MIN. + 10 MIN. MARINIEREN
PRO PERSON: CA. 363 KCAL
11 G EW, 21 G F, 25 G KH

1 Die Artischockenherzen und die Bohnen nacheinander in ein Sieb gießen, abbrausen und abtropfen lassen. Artischockenherzen je nach Größe ganz lassen oder halbieren.

2 Die Tomaten waschen und halbieren. Zwiebel schälen und in dünne Streifen schneiden. Petersilie abbrausen und trocken schütteln, Blätter abzupfen und nach Belieben ganz lassen oder grob hacken. Avocado halbieren, Kern entfernen. Die Hälften schälen und grob würfeln. Alle vorbereiteten Zutaten in einer Schüssel mischen.

3 Essig und Ahornsirup oder Agavendicksaft verrühren. Knoblauch schälen und dazupressen, das Öl unterschlagen. Das Dressing mit Salz und Pfeffer würzen, mit den Salatzutaten mischen. Den Salat 5–10 Min. ziehen lassen, dann abschmecken und servieren.

TOMATENSALAT MIT KICHERERBSEN

Aromen-Mix à la Orient

FÜR 2 PERSONEN

1 Dose Kichererbsen
(215 g Abtropfgewicht)
1 rote Zwiebel
250 g Dattel- oder Kirschtomaten
1 Bund Petersilie
4 EL Olivenöl
2 EL Aceto balsamico
1–2 TL gemahlener Kreuzkümmel
1 TL Rohrohrzucker
Kräutersalz
Pfeffer
1 TL getrockneter Rosmarin
1 Pck. geriebene Zitronenschale
1 Knoblauchzehe

ZUBEREITUNGSZEIT: 20 MIN.
PRO PERSON: CA. 432 KCAL
10 G EW, 28 G F, 31 G KH

1 Die Kichererbsen in ein Sieb abgießen, abbrausen und gut abtropfen lassen.

2 Die Zwiebel schälen und in dünne Streifen schneiden. Tomaten waschen und halbieren. Die Petersilie abbrausen, trocken schütteln und die Blättchen abzupfen. Alles mit 2 EL Öl, Essig, 1 großen Prise Kreuzkümmel und dem Zucker in eine Schüssel geben und gut vermischen. Den Salat mit Kräutersalz und Pfeffer würzen.

3 In einer Pfanne 1 EL Öl erhitzen und die Kichererbsen darin anbraten. Restliches Öl mit Rosmarin, Zitronenschale und 1 TL Kreuzkümmel verrühren. Knoblauch schälen und dazupressen. Die Mischung zu den Kichererbsen geben und noch ca. 3 Min. braten. Mit Kräutersalz würzen.

4 Den Tomatensalat auf Teller oder in Schälchen verteilen und die gebratenen Kichererbsen darüberstreuen, servieren. Dazu passt geröstetes Fladenbrot sehr gut.

TIPP:
Rucola, Schnittlauch oder ein Blattsalat-Mix ergänzendiesen Tomatensalat. Zutaten einfach zum Schluss mit in die Schüssel geben und locker untermischen.

WARMER MÖHRENSALAT

Schnelle Vorspeise mit Suchtpotenzial

FÜR 2 PERSONEN

500 g Snack-Möhren
2 EL Öl
1 EL Ahornsirup (oder Agavendicksaft)
2–3 EL Limettensaft
Salz
1 Bund Petersilie
2 Knoblauchzehen
50 g Pinienkerne
½ TL gemahlener Koriander
Cayennepfeffer
Pfeffer

ZUBEREITUNGSZEIT: 20 MIN.
PRO PERSON: CA. 399 KCAL
9 G EW, 26 G F, 28 G KH

1 Die Möhren längs halbieren. In einer Pfanne das Öl erhitzen. Die Möhren darin ca. 4 Min. anbraten. Ahornsirup oder Agavendicksaft und 2 EL Limettensaft dazugeben und kurz karamellisieren. 100 ml Wasser dazugießen, mit Salz würzen und die Flüssigkeit bei mittlerer Hitze ca. 5 Min. einkochen lassen.

2 Inzwischen die Petersilie abbrausen, trocken schütteln und die Blätter abzupfen. Den Knoblauch schälen und durch die Presse drücken.

3 Knoblauch, Pinienkerne, Koriander und 1 Prise Cayennepfeffer zu den Möhren geben. Alles noch 2–3 Min. in der Pfanne durchschwenken, dann die Petersilie untermischen. Den Salat mit Salz, Pfeffer, Cayennepfeffer und eventuell Limettensaft abschmecken. Sehr gut passt Fladenbrot dazu.

TIPP:
Eine fruchtige Ergänzung passt bestens zu den Möhren: Grob zerbröselte Apfelchips oder getrocknete Cranberrys mit den Pinienkernen in die Pfanne geben und alles wie beschrieben fertig garen.

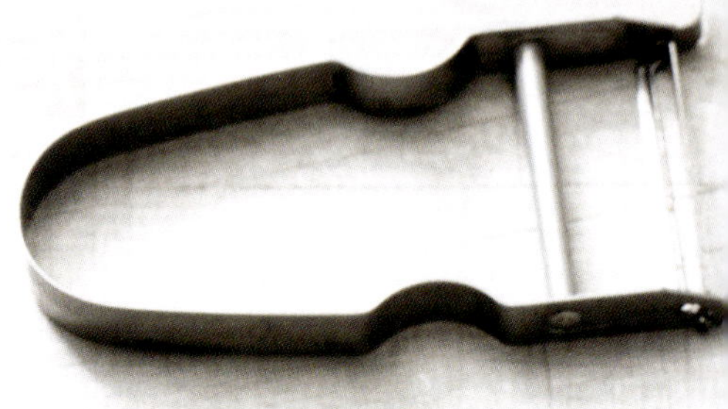

ZUCCHININUDEL-SALAT

Fixe Vorspeise oder Beilage

FÜR 2 PERSONEN

- **1 kleiner Zucchino**
- **125 g Kirschtomaten**
- **4–5 Stängel Basilikum**
- **8 grüne Oliven** (ohne Stein)
- **2 EL Balsamico bianco**
- **2 EL Olivenöl**
- **1 Knoblauchzehe**
- **1 TL Kapern**
- **Salz**
- **Pfeffer**

ZUBEREITUNGSZEIT: 15 MIN.
PRO PERSON: CA. 150 KCAL
2 G E, 13 G F, 5 G KH

1 Zucchino putzen, waschen und mit dem Sparschäler in dünne Streifen schneiden. Dafür den Sparschäler der Länge nach immer wieder über das Fruchtfleisch ziehen. Die Tomaten waschen und halbieren. Basilikumblätter von den Stängeln zupfen. Oliven halbieren.

2 Essig und Olivenöl verrühren, Knoblauch schälen und dazupressen. Kapern ebenfalls durch die Knoblauchpresse dazupressen. Das Dressing mit Salz und Pfeffer abschmecken.

3 Zucchinistreifen, Tomaten, Basilikum und die Oliven mit dem Dressing vermischen. Salat kurz durchziehen lassen, dann locker auf zwei Teller häufen und servieren.

TIPP:

Auf die gleiche Art und Weise lassen sich Möhren, Salatgurken und Rettich zu einem »Nudelsalat« verarbeiten.

BLATTSALAT MIT GEGRILLTER ANANAS

Quick and easy – Früchtchen vom Grill

FÜR 2 PERSONEN

350 g Ananas
1 TL Ingwerpulver
1 EL Zitronensaft
1 Prise Zimtpulver
100 g Salat-Mix (küchenfertig)
150 g Kirschtomaten
1 rote Zwiebel
2 EL Essig
1 TL Senf
Süßstoff (nach Belieben)
3 EL Olivenöl
Salz
Pfeffer

ZUBEREITUNGSZEIT: 25 MIN.
PRO PERSON: CA. 274 KCAL
3 G EW, 19 G F, 20 G KH

1 Die Ananas schälen, den harten Strunk entfernen, das Fruchtfleisch in grobe Stücke schneiden. In einer Schüssel mit Ingwerpulver, Zitronensaft und Zimt mischen und 10 Min. ziehen lassen.

2 Den Salat-Mix waschen und trocken schütteln. Tomaten waschen und halbieren. Die Zwiebel schälen und in Spalten schneiden.

3 Für das Dressing Essig mit Senf und etwas Süßstoff verrühren. Das Öl unterschlagen und die Sauce mit Salz und Pfeffer würzen.

4 Die Ananasstücke auf dem heißen Grill rundum goldbraun grillen. Salat-Mix, Zwiebeln und Tomaten mit dem Dressing mischen und auf zwei Teller verteilen. Die gegrillten Ananasstücke darauf anrichten.

TIPP:
Statt Ananas schmecken auch Apfelspalten wunderbar dazu.

FISCH & FLEISCH

CHILI-SHRIMPS

Die wahrscheinlich schnellste Meeresfrüchte-Pfanne der Welt

FÜR 2 PERSONEN

1 Pck. TK-Bio-Shrimps (200 g)
2 Knoblauchzehen
3 EL Olivenöl
Salz
3–4 Prisen edelsüßes Paprikapulver
1–2 Msp. Sambal Oelek
2 EL frisch gepresster Zitronensaft

ZUBEREITUNGSZEIT: 15 MIN.
PRO PERSON: CA. 263 KCAL
19 G EW, 20 G F, 2 G KH

1 Die tiefgekühlten Shrimps waschen und mit Küchenpapier trocken tupfen. Die Knoblauchzehen schälen und in feine Scheiben schneiden.

2 Olivenöl in einer Pfanne erhitzen. Knoblauchscheibchen und Shrimps dazugeben und alles bei mittlerer Hitze unter Rühren 3–4 Min. braten.

3 Die Shrimps mit Salz, Paprikapulver und Sambal Oelek würzen, Zitronensaft zugeben. Alles gut vermischen und weitere 3–4 Min. köcheln lassen. Gleich servieren.

KARIBISCHER SHRIMPS-TOPF

Mit blitzschnellem frischem Tomatenpüree

FÜR 2 PERSONEN

- 1 **Pck. TK-Bio-Shrimps** (200 g)
- 100 g **geröstete gehäutete Paprikaschoten** (aus dem Glas)
- 2 **Frühlingszwiebeln**
- 1 **Knoblauchzehe**
- 2 **EL Olivenöl**
- 150 g **passierte Tomaten** (aus dem Tetrapak)
- 100 ml **Instant-Gemüsebrühe**
- 2 **EL frisch gepresster Limettensaft**
- **Salz**
- 2–3 **Msp. Sambal Oelek**
- 1 **Prise Zucker**

ZUBEREITUNGSZEIT: 20 MIN.
PRO PERSON: CA. 304 KCAL
23 G EW, 14 G F, 18 G KH

1 Tiefgekühlte Shrimps in ein Sieb geben, kalt abbrausen und gut abtropfen lassen. Geröstete Paprikaschoten auf Küchenpapier abtropfen lassen, dann quer in feine Streifen schneiden.

2 Die Frühlingszwiebeln putzen, waschen und quer in dünne Ringe schneiden. Die Knoblauchzehe schälen und durch die Presse drücken oder fein hacken.

3 Das Olivenöl in einer beschichteten Pfanne oder im Wok erhitzen. Knoblauch, Frühlingszwiebeln und Shrimps darin unter Rühren 3–5 Min. bei mittlerer Hitze braten, bis die Flüssigkeit verdampft ist.

4 Die Paprikastreifen zu den Shrimps geben und 2–3 Min. mitbraten. Die passierten Tomaten, Gemüsebrühe und Limettensaft zugeben, kurz aufkochen lassen. Mit Salz, Sambal Oelek und Zucker abschmecken.

ROTE-BETE-SALAT MIT RÄUCHERFORELLE

Schnell gemacht mit leckerem Meerrettich-Dressing

FÜR 2 PERSONEN

- **1 vorgegarte Rote Bete** (ca. 150 g; vakuumverpackt)
- **3 EL Crème fraîche**
- **je 2 EL frisch gepresster Orangen- und Zitronensaft**
- **1 TL geriebener Meerrettich** (aus dem Glas)
- **Salz**
- **Cayennepfeffer**
- **2 geräucherte Forellenfilets** (ca. 120 g; vakuumverpackt)
- **4 EL Gartenkresse** (vom Kästchen)

ZUBEREITUNGSZEIT: 15 MIN.
PRO PERSON: CA. 117 KCAL
15 G EW, 2 G F, 8 G KH

1 Die vorgegarte Rote Bete mit Küchenpapier trocken tupfen, in 1 – 1 ½ cm dicke Scheiben und dann in Würfelchen schneiden.

2 Créme fraîche, Orangen- und Zitronensaft und Meerrettich glatt verrühren. Meerrettich-Dressing in einer Schüssel mit den Rote-Bete-Würfelchen vermischen und mit Salz und Cayennepfeffer abschmecken.

3 Die Forellenfilets mit Küchenpapier trocken tupfen und in mundgerechte Stücke schneiden oder zupfen.

4 Den Rote-Bete-Salat auf zwei Teller verteilen und mit den Forellenfiletstücken und der Kresse bestreut servieren.

RUCOLASALAT MIT LACHSTATAR

Mit Balsamico-Vinaigrette für bequeme Feinschmecker

FÜR 2 PERSONEN

100 g Räucherlachs (in Scheiben; vakuumverpackt)
2 Frühlingszwiebeln
1 EL frisch gepresster Zitronensaft
1 TL geriebener Meerrettich (aus dem Glas)
Salz
Cayennepfeffer
100 g Rucola
3 EL Aceto balsamico
4 EL Olivenöl
½ TL mittelscharfer Senf
1 Knoblauchzehe
Salz
Pfeffer
2 TL Forellenkaviar (aus dem Glas; nach Belieben)

ZUBEREITUNGSZEIT: 15 MIN.
PRO PERSON: CA. 230 KCAL
14 G EW, 17 G F, 5 G KH

1 Räucherlachsscheiben übereinanderlegen und zuerst längs in Streifen, dann quer in kleine Würfel schneiden. Frühlingszwiebeln putzen, waschen und quer in dünne Ringe schneiden.

2 Lachswürfel in einer Schüssel mit Frühlingszwiebeln, Zitronensaft und dem Meerrettich vermischen. Das Lachstatar mit Salz und Cayennepfeffer abschmecken.

3 Den Rucola putzen, waschen und trocken schleudern oder mit Küchenpapier trocken tupfen. Für die Balsamico-Vinaigrette 3 EL Aceto balsamico, 4 EL Olivenöl und ½ TL mittelscharfen Senf gründlich verrühren. Die Knoblauchzehe schälen, durch die Presse drücken oder fein hacken und unterrühren. Mit Salz und Pfeffer abschmecken.

4 Rucola auf zwei großen flachen Tellern oder in tiefen Pasta-Tellern anrichten, mit der Balsamico-Vinaigrette beträufeln. Lachstatar dekorativ in die Mitte des Salats setzen, nach Belieben je 1 TL Forellenkaviar daraufgeben. Mit etwas Cayennepfeffer bestreut servieren.

FISCH MIT KNOBLAUCH-NUSS-MIX

Mit raffinierter 3-Minuten-Knusperwürze

FÜR 2 PERSONEN

2 TK-Fischfilets (ca. 250 g; z. B. Lachs, Pangasius, Scholle, Kabeljau)
2 Frühlingszwiebeln
2 Knoblauchzehen
2 EL geröstete, gesalzene Cashewkerne
2 EL Paniermehl (Semmelbrösel)
Salz
Cayennepfeffer
2 EL Olivenöl

ZUBEREITUNGSZEIT: 20 MIN. + 30 MIN. AUFTAUEN
PRO PERSON: CA. 317 KCAL
26 G EW, 18 G F, 13 G KH

1 Die Fischfilets nach Packungsanweisung ca. 30 Min. auftauen lassen.

2 Frühlingszwiebeln putzen, waschen und grob hacken, die Knoblauchzehen schälen. Beides mit den Cashewkernen, dem Paniermehl und je 3–4 Prisen Salz und Cayennepfeffer im elektrischen Zerhacker oder im Mixer fein zerkleinern.

3 In einer kleinen Pfanne 1 EL Olivenöl erhitzen. Den Knoblauch-Nuss-Mix darin unter Rühren bei geringer Hitze 3–4 Min. rösten.

4 Aufgetaute Fischfilets kalt abbrausen, mit Küchenpapier trocken tupfen, auf beiden Seiten mit Salz und Cayennepfeffer würzen.

5 Restliches Olivenöl in einer zweiten Pfanne erhitzen. Die Fischfilets darin bei mittlerer Hitze auf jeder Seite 2–3 Min. braten. Die Filets mit dem Knoblauch-Nuss-Mix servieren.

TIPP:
Gut dazu schmeckt ein Chili-Avocado-Dip.

SCHELLFISCH MIT KÜRBISGEMÜSE

Herzhafter Herbst-Hit

FÜR 2 PERSONEN

4 Stücke Schellfischfilet (à ca. 60 g; frisch oder aufgetaute TK-Ware)
4 EL Zitronensaft
Salz
Pfeffer
60 g luftgetrockneter Schinken (2 Scheiben)
3–4 Zweige Rosmarin
2 Schalotten
4 EL Olivenöl
400 g TK-Hokkaido-Kürbis
1–2 TL Honig
2 EL Aceto balsamico bianco
300 ml Gemüsebrühe
Cayennepfeffer
2 EL Butter

ZUBEREITUNGSZEIT: 30 MIN.
PRO PERSON: CA. 360 KCAL
22 G E, 22 G F, 16 G KH

1 Fischfilets abbrausen, trocken tupfen und mit 2 EL Zitronensaft beträufeln. Mit Salz und Pfeffer würzen. Jedes Stück in eine Schinkenscheibe wickeln und beiseitestellen.

2 Die Rosmarinzweige abbrausen und trocken schütteln, von 2 Zweigen die Blättchen abzupfen und fein hacken. Die Schalotten schälen und fein würfeln.

3 In einer Pfanne 2 EL Öl erhitzen. Darin die Schalotte und den gehackten Rosmarin andünsten. Den gefrorenen Kürbis dazugeben und bei mittlerer Hitze 5–6 Min. andünsten und auftauen lassen. Honig, Aceto balsamico bianco und Brühe dazugießen und alles zugedeckt 5–6 Min. köcheln lassen.

4 Den Kürbis offen 2–3 Min. weitergaren, bis die Flüssigkeit fast verkocht ist. Mit Salz, Pfeffer, Cayennepfeffer und dem übrigem Zitronensaft abschmecken. In eine Schüssel füllen, abdecken. Die Pfanne säubern.

5 Das übrige Öl in der Pfanne erhitzen. Die Fischpäckchen darin mit den Rosmarinzweigen rundum 6 Min. bei mittlerer Hitze braten. Die Butter in der Pfanne schmelzen und den Fisch zugedeckt bei geringer Hitze weitere 2 Min. gar ziehen lassen.

6 Den Fisch aus der Pfanne nehmen und auf einen (vorgewärmten) Teller geben. Das Gemüse kurz in der Pfanne heiß werden lassen, dann mit dem Fisch anrichten.

OFENLACHS MIT BROKKOLISTAMPF

Sanft gegart und trotzdem fix auf dem Teller

1 Den Backofen auf 200° vorheizen. Den Lachs abbrausen, trocken tupfen und auf einen Bogen Backpapier legen. Mit Salz und Pfeffer würzen, mit Senf bestreichen, mit 2 EL Zitronensaft beträufeln und die Kräuter darüberstreuen. Das Backpapier über dem Lachs zusammenfalten.

FÜR 2 PERSONEN

- **250 g Lachsfilet** (frisch oder aufgetaute TK-Ware)
- **Salz**
- **Pfeffer**
- **2 TL Dijon-Senf**
- **3 EL Zitronensaft**
- **3 EL TK-Salatkräuter**
- **400 g vorwiegend festkochende Kartoffeln**
- **400 g Brokkoli**
- **1 EL Butter**
- **frisch geriebene Muskatnuss**
- **50 ml Milch**

ZUBEREITUNGSZEIT: 30 MIN.
PRO PERSON: CA. 475 KCAL
33 G E, 26 G F, 28 G KH

2 Die Kartoffeln schälen, waschen, in kleine Würfel schneiden und in wenig Salzwasser 15 Min. garen. Den Lachs im Ofen (Mitte) 15 Min. garen. Den Brokkoli putzen, waschen und in Röschen teilen. Nach 5 Min. zu den Kartoffeln geben und ca. 10 Min. mitgaren.

3 Kartoffeln und Brokkoli in ein Sieb abgießen, abtropfen lassen und zurück in den Topf geben. Mit der Butter und dem restlichen Zitronensaft zerstampfen. Mit Salz, Pfeffer und Muskat abschmecken. Den Lachs aus dem Ofen nehmen.

4 Den Brokkolistampf mit Milch verrühren und auf einen Teller geben, den übrigen Lachs darauf anrichten.

BLATTSALAT MIT STEAKSTREIFEN

Expressmahlzeit mit Fleisch und Pfifferlingen

FÜR 2 PERSONEN

100 – 125 g Pfifferlinge
2 Frühlingszwiebeln
2 TL bunte Pfefferkörner
2 EL Aceto balsamico
1 TL Dijon-Senf
3 EL Olivenöl
Salz
Pfeffer
1 TL Ahornsirup
150 g Blattsalat-Mix mit Rucola (küchenfertig)
200 g Rindersteak

ZUBEREITUNGSZEIT: 20 MIN.
PRO PERSON: CA. 360 KCAL
21 G E, 28 G F, 6 G KH

1 Pfifferlinge putzen und trocken abreiben, große Exemplare halbieren oder in dicke Scheiben schneiden. Frühlingszwiebeln putzen, waschen und in dünne Ringe schneiden. Die Pfefferkörner in einem Mörser zerstoßen.

2 Für das Dressing Essig, Senf und 2 EL Olivenöl verrühren, mit Salz, Pfeffer und Ahornsirup abschmecken. Dressing mit dem Blattsalat mischen und auf zwei Teller verteilen.

3 Das Steak quer in schmale Streifen schneiden. Restliches Öl in einer großen Pfanne erhitzen. Steakstreifen und Pilze in die Pfanne geben (jeweils in eine Pfannenhälfte, nicht mischen) und 1 Min. scharf anbraten. Gut die Hälfte des bunten Pfeffers auf das Fleisch streuen, die Streifen wenden und mit dem restlichen bunten Pfeffer bestreuen. Fleisch und Pilze noch 1 Min. braten. Fleisch salzen und auf dem Salat anrichten.

4 Die Frühlingszwiebeln zu den Pilzen geben und noch kurz weiterbraten. Mit Salz würzen und ebenfalls auf dem Salat verteilen.

TIPP:
Außerhalb der Pfifferlingsaison im Sommer einfach Champignons oder Egerlinge für den Salat verwenden.

STEAK MIT ZITRONENCOUSCOUS

Schnell gemacht für Fleischliebhaber

FÜR 2 PERSONEN

150 ml Hühnerbrühe
2 EL Aceto balsamico bianco
2 TL Honig
1–2 Pck. geriebene Zitronenschale
2 TL getrockneter Thymian
Salz
Pfeffer
2 kleine Knoblauchzehen
3–4 TL Butterschmalz
2 Rinderhüftsteak (je 200–250 g)
100 g Couscous
250 g Kirschtomaten
4 TL Olivenöl
2 Stängel Petersilie (ersatzweise Basilikum; nach Belieben)

ZUBEREITUNGSZEIT: 30 MIN.
PRO PERSON: CA. 845 KCAL
51 G E, 49 G F, 50 G KH

1 Den Backofen auf 140° vorheizen. Für den Couscous die Brühe mit 1 EL Essig, 1 TL Honig, der Zitronenschale und dem Thymian verrühren. Mit Salz und Pfeffer würzen. Knoblauch schälen und in feine Würfel schneiden.

2 Eine kleine Pfanne stark erhitzen, Schmalz hineingeben und schmelzen. Darin die Steaks von beiden Seiten je 2 Min. anbraten. Steaks auf ein Backblech geben und im Ofen (Mitte) je nach gewünschtem Garpunkt 6–10 Min. garen: 6 Min. für medium oder 8–10 Min. für well-done (durchgebraten).

3 Den Knoblauch in der Pfanne bei mittlerer Hitze kurz andünsten. Die gewürzte Brühe angießen und aufkochen, den Couscous einstreuen und 1 Min. offen kochen lassen. Dann die Pfanne vom Herd nehmen und den Couscous zugedeckt 10 Min. quellen lassen.

4 Die Tomaten waschen und halbieren. Mit dem restlichen Essig, dem Olivenöl und dem übrigen Honig mischen, mit Salz und Pfeffer würzen. Nach Belieben Petersilie abbrausen und trocken schütteln, die Blättchen abzupfen, hacken und unter die Tomaten mischen.

5 Die Steaks aus dem Ofen nehmen, mit Alufolie bedecken und kurz ruhen lassen. Couscous und Tomaten auf einem Teller anrichten. Das Steak in dicke Scheiben schneiden, salzen und pfeffern und auf dem Couscous anrichten.

Finesse

GRATINIERTES SENFHÄHNCHEN

Fixe Gratinvariante ohne Käse

FÜR 2 PERSONEN

300 g festkochende Kartoffeln
1 Apfel (z. B. Boskop)
80 g Möhren
2 EL Olivenöl
1–2 EL g körniger Senf
1 EL Apfelsaft
1 EL Zitronensaft
1 EL Honig
1 Knoblauchzehe (nach Belieben)
Salz
Pfeffer
250 g Hähnchenbrustfilet

ZUBEREITUNGSZEIT: 15 MIN.
+ 35 MIN. BACKEN
PRO PERSON: CA. 400 KCAL
31 G E, 16 G F, 31 G KH

1 Den Backofen auf 200° vorheizen. Kartoffeln schälen, waschen und in 1 cm dicke Scheiben schneiden. Den Apfel waschen, entkernen und in dünne Spalten schneiden. Möhren schälen und in dünne Scheiben schneiden. Alles mit 1 EL Öl vermischen und in einer großen Auflaufform verteilen. Im Ofen (Mitte) ca. 10 Min. backen.

2 Inzwischen den Senf mit Apfelsaft, Zitronensaft, Honig und restlichem Öl verrühren. Nach Belieben Knoblauch schälen und dazupressen. Den Guss mit Salz und Pfeffer würzen. Das Hähnchenbrustfilet kalt abbrausen, trocken tupfen und in kleine Schnitzelchen (ca. 1,5 cm dick und 8 cm lang) schneiden.

3 Die Form aus dem Ofen nehmen. Die Schnitzel auf der Kartoffelmischung verteilen. Alles salzen und pfeffern und den Guss darübergießen. Form zurück in den Ofen stellen und Kartoffeln und Fleisch weitere 20 Min. backen. Den Grill dazuschalten und kurz übergrillen, bis die Oberfläche goldbraun ist.

TIPP:
Dazu passt Möhrensalat sehr gut oder ein grüner Blattsalat mit Balsamico-Dressing.

MITTELMEERRÖLLCHEN

Minutenschnell im Ofen zubereitet

FÜR 2 PERSONEN

250 g Schweinefilet (ersatzweise ein anderes Kurzbrat-Fleisch)
Salz
Cayennepfeffer
1 EL frische Rosmarinblättchen (oder getrockneter Oregano)
3 Scheiben Serrano-Schinken (ca. 100 g; ersatzweise ein anderer milder roher Schinken oder Frühstücksspeck)
2 EL Olivenöl

ZUBEREITUNGSZEIT: 10 MIN. + 15 MIN. BRATEN
PRO PERSON: CA. 311 KCAL
38 G EW, 17 G F, 1 G KH

1 Den Backofen auf 200° (Umluft 180 °C) vorheizen. Das Schweinefilet in 6 gleich große Stücke schneiden und rundum mit Salz, Cayennepfeffer und Rosmarin oder Oregano würzen.

2 Die Schinkenscheiben längs halbieren und jedes Schweinefiletstück mit 1 Schinkenstreifen umwickeln.

3 Eine kleine ofenfeste Reine oder Pfanne mit 1 EL Olivenöl ausstreichen. Die umwickelten Fleischröllchen hineinsetzen, mit dem restlichen Olivenöl beträufeln.

4 Die Reine oder Pfanne in den Ofen (Mitte) schieben und die Röllchen ca. 15 Min. braten. Dann herausnehmen und gleich servieren.

TIPP:

Wer möchte, verleiht diesen Mittelmeerröllchen ein anderes mediterranes Aroma – einfach mal frische Thymianblättchen statt Rosmarin nehmen.

RINDERFILET MIT ROTWEINSAUCE

Mit feiner Sauce – ohne lange Kocherei

FÜR 2 PERSONEN

200 g Rinderfilet
Salz
Cayennepfeffer
2 EL Olivenöl
120 ml trockener Rotwein
1 EL Aceto balsamico
60 ml Instant-Gemüsebrühe
1 TL Tomatenmark
1 TL Fenchelsamen (nach Belieben)
1 Msp. Sambal Oelek
1–2 Prisen Zucker

ZUBEREITUNGSZEIT: 15 MIN.
PRO PERSON: CA. 286 KCAL
22 G EW, 16 G F, 4 G KH

1 Das Rinderfilet quer zur Faser in 4 gleich dicke Scheiben schneiden und mit Salz und Cayennepfeffer würzen.

2 Olivenöl in einer Pfanne erhitzen. Die Filetscheiben darin bei starker Hitze auf jeder Seite 1 – 2 Min. anbraten. Das Fleisch aus der Pfanne nehmen, in Alufolie wickeln und beiseitelegen.

3 Rotwein, Aceto balsamico und die Gemüsebrühe in die Pfanne gießen. Das Tomatenmark und die Fenchelsamen (nach Belieben) dazugeben, alles gut vermischen. Mit Salz, Sambal Oelek und Zucker würzen. Die Sauce 1 – 2 Min. bei starker Hitze einkochen lassen.

4 Das Fleisch samt angesammeltem Bratensaft zur Sauce geben. Alles 4 – 5 Min. bei geringer Hitze köcheln lassen, die Filets dabei einmal wenden.

TIPP:

Dazu passt beispielsweise gebratener Chicorée (Seite 90).

VEGETARISCH

4 X SCHNELLES GEMÜSE ...

GEBRATENER CHICORÉE

Für 2 Personen
Pro Person: ca. 168 kcal, 1 g E, 13 g F, 11 g KH

2 **Chicoréestauden** putzen, die Strünke abschneiden, die Blätter ablösen, abbrausen und auf Küchenpapier abtropfen lassen.
3 EL **Butter** und 2 TL **Zucker** in einer Pfanne bei geringer Hitze unter Rühren schmelzen lassen. Chicoréeblätter hineingeben und 5–6 Min. hellbraun braten. 2 EL **Balsamico bianco** darüberträufeln, alles gut vermischen und 1–2 Min. köcheln lassen. Mit Salz abschmecken.

INDISCHE KOKOSERBSEN

Für 2 Personen
Pro Person: ca. 207 kcal, 8 g E, 12 g F, 14 g KH

100 ml **Instant-Gemüsebrühe** in einem Topf erhitzen. 200 g unaufgetaute **TK-Erbsen** und 1 EL Rapsöl dazugeben und bei geringer Hitze 5–6 Min. köcheln lassen. 1 TL frisch gepressten **Zitronensaft**, 1 Prise **Zucker**, je 3–4 Prisen Salz und gemahlenen **Kreuzkümmel** und 3 EL **Kokosraspel** gut untermischen, noch 1–2 Min. köcheln lassen.

... das zu Fleisch schmeckt, aber genauso zu Fisch, Kartoffeln & Co. – oder einfach auch nur mal so.

TOSKANA-SPINAT

Für 2 Personen
Pro Person: ca. 128 kcal, 6 g E, 9 g F, 4 g KH

1 **Knoblauchzehe** schälen, durch die Presse drücken oder fein hacken. 2 **Frühlingszwiebeln** putzen, waschen und quer in dünne Ringe schneiden. Beides mit 1 EL **Olivenöl** in einen Topf geben und unter Rühren 2 – 3 Min. andünsten. 150 ml **Instant-Gemüsebrühe** und ½ Päckchen unaufgetauten **TK-Blattspinat** (225 g) unterrühren, zugedeckt bei geringer Hitze 6 – 8 Min. köcheln lassen. Dann 3 EL frisch geriebenen **Parmesan** und 1 EL frisch gepressten **Zitronensaft** zugeben, alles gut vermischen. Mit **Salz** und **Cayennepfeffer** abschmecken und in weiteren 3 – 4 Min. fertiggaren.

ZUCCHINISTREIFEN

Für 2 Personen
Pro Person: ca. 230 kcal, 3 g E, 18 g F, 13 g KH

1 **Zucchino** waschen, putzen und längs in feine Scheiben schneiden. Zucchinischeiben nebeneinander auf einen großen Teller legen. Mit wenig **Salz** bestreuen und 3 – 4 Min. Saft ziehen lassen. Die Zucchinistreifen mit Küchenpapier trocken tupfen, dann auf beiden Seiten mit **Salz** und **Pfeffer** würzen. 3 EL **Mehl** auf einem flachen Teller verteilen und di Zucchinistreifen darin wenden. 3 EL **Olivenöl** in einer beschichteten Pfanne erhitzen. Zucchini darin bei mittlerer Hitze auf beiden Seite goldbraun braten.

ZUCCHINI-APFEL-GRATIN

Rasante Auflauf-Variante

FÜR 2 PERSONEN

500 g Zucchini
2 rotschalige Äpfel (z. B. Braeburn)
75 ml Kaffeesahne (10 % Fett)
1 Ei
Salz
Pfeffer
1 gehäufter TL Majoran
50 g Grana Padano
Fett für die Form

ZUBEREITUNGSZEIT: 15 MIN. + 35 MIN. BACKEN
PRO PERSON: CA. 303 KCAL
17 G EW, 15 G F, 24 G KH

1 Den Backofen auf 200° vorheizen. Die Zucchini putzen, waschen und in ca. 2 mm breite Scheiben schneiden. Die Äpfel heiß waschen, abtrocknen und halbieren. Jeweils Stiel, Blütenansatz und Kernhaus entfernen. Fruchtfleisch in schmale Spalten schneiden.

2 Zucchinischeiben und Apfelspalten (mit der roten Schalenseite nach oben) abwechselnd in eine gefettete ofenfeste Form (ca. 18 x 25 cm) schichten.

3 Die Kaffeesahne mit dem aufgeschlagenen Ei verquirlen, mit Salz, Pfeffer und Majoran würzen und über die Zucchini-Äpfel gießen. Den Käse grob raspeln und darüberstreuen.

4 Das Ganze mit Alufolie abdecken und im Ofen (Mitte, Umluft 180°) ca. 15 Min. backen. Danach die Alufolie entfernen und das Gratin 15 – 20 Min. weiterbacken, bis der Käse goldgelb ist.

GEFÜLLTER TOFU

Quick and easy für den Grill

FÜR 2 PERSONEN

3 eingelegte rote Chilischoten
3 Knoblauchzehen
1 Bund Koriandergrün
1 EL Honig
1 TL Ingwerpulver
2 EL Limettensaft
4 EL Öl
Salz
Pfeffer
300 g Tofu

ZUBEREITUNGSZEIT: 20 MIN.
PRO PERSON: CA. 460 KCAL
24 G EW, 33 G F, 16 G KH

1 Für die Füllung die Chilischoten gut abtropfen lassen und in dünne Ringe schneiden. Den Knoblauch schälen und in dünne Scheiben schneiden. Den Koriander waschen, trocken schütteln und die Blättchen abzupfen. Chili, Knoblauch und Koriander mit Honig, Ingwer, Limettensaft und Öl verrühren. Mischung mit Salz und Pfeffer würzen und ca. 5 Min. ziehen lassen.

2 Den Tofu in 6 ca. 1,5 cm dicke Scheiben à ca. 8 x 5 cm schneiden. Mit einem Messer eine Tasche einschneiden, sodass die Ränder an drei Seiten noch verbunden bleiben.

3 Den Tofu an den kurzen Seiten leicht zusammendrücken, sodass sich der Schnitt leicht öffnet. Die Füllung hineingeben. Tofu mit der restlichen Marinade bepinseln.

4 Die Tofuscheiben auf dem heißen Grill von beiden Seiten goldbraun grillen. Mit Salz und Pfeffer würzen und servieren.

SPARGEL-CURRY

Für 2 Personen

Pro Person: ca. 205 kcal, 3 g E, 18 g F, 8 g KH

500 g **grünen Spargel** waschen, die holzigen Enden großzügig abschneiden und die Stangen in mundgerechte Stücke schneiden. 1 **rote Zwiebel** schälen und grob würfeln. 1 EL **Butterschmalz** in einem Wok oder einer Pfanne erhitzen. Zwiebel und Spargel darin ca. 6 Min. anbraten. 30 g **Mandelstifte**, je 1 TL **Currypulver, Zucker**, gemahlenen **Koriander** und **Senfsamen** sowie 1 Prise **Pul Biber** (türk. Paprikablättchen) hinzufügen und weitere 3 – 4 Min. mitbraten. Spargel- Curry mit **Salz, Pfeffer**, Currypulver und **Zitronensaft** abschmecken.

BROKKOLI MIT GRAPEFRUITSAHNE

Schneller Klassiker mit fruchtigem Extra

FÜR 2 PERSONEN

500 g Brokkoli
150 ml Gemüsebrühe
Salz
1 Grapefruit
1 EL Currypulver
2 EL saure Sahne (10 % Fett)
Pfeffer
2 EL gehackte Macadamianüsse

ZUBEREITUNGSZEIT: 25 MIN.
PRO PERSON: CA. 170 KCAL
11 G EW, 9 G F, 10 G KH

1 Die Brokkoliröschen von den Stielen schneiden. Die Stiele dünn schälen, würfeln und in der Gemüsebrühe ca. 10 Min. zugedeckt kochen, bis sie weich sind und die Flüssigkeit größtenteils verdampft ist.

2 In der Zwischenzeit in einem großen Topf Salzwasser zum Kochen bringen und die Brokkoliröschen im sprudelnden Wasser 5 Min. blanchieren. In ein Sieb abgießen und warm stellen. Die Grapefruit auspressen.

3 Das Currypulver unter die Brokkolistiele rühren, 100 ml Grapefruitsaft zugießen, kurz erhitzen und mit einem Pürierstab pürieren. Die saure Sahne einrühren und die Sauce mit Salz und Pfeffer abschmecken. Brokkoliröschen auf zwei Tellern anrichten, mit der Sauce begießen und mit den Nüssen bestreut servieren.

GEMÜSE-RICOTTA-FRITTATA

Superschnell und mit gesundem Gemüse

FÜR 2 PERSONEN

1 orange Paprikaschote
2 EL Olivenöl
125 g TK-Suppengemüse
4 Eier (M)
80 g Ricotta
1–2 EL Reibekäse (z. B. Bergkäse)
1–2 EL italienische TK-Kräuter
1 EL Aceto balsamico bianco
Salz
Pfeffer
½ Bund Frühlingszwiebeln

ZUBEREITUNGSZEIT: 30 MIN.
PRO PORTION CA. 385 KCAL
23 G E, 28 G F, 8 G KH

1 Die Paprika halbieren, Trennwände und Kerne entfernen, die Hälften waschen und klein würfeln. Das Öl in einer großen ofenfesten Pfanne erhitzen. Darin die Paprikawürfel 3 Min. anbraten. Das Suppengemüse hinzufügen und weitere 8 Min. braten. Gelegentlich umrühren.

2 Inzwischen Eier, Ricotta, Käse, Kräuter und Essig verquirlen. Mit Salz und Pfeffer würzen. Den Backofen auf 180° vorheizen.

3 Die Frühlingszwiebeln putzen, waschen und in dünne Ringe schneiden. In die Pfanne geben und 2–3 Min. mitbraten. Dann die Ricotta-Ei-Masse gleichmäßig auf dem Gemüse verteilen.

4 Die Gemüse-Ricotta-Frittata zunächst zugedeckt auf dem Herd in 4–5 Min. bei mittlerer Hitze stocken lassen. Dann die Pfanne in den Ofen (Mitte) schieben und die Frittata offen weitere 10 Min. garen. Zuletzt noch kurz den Grill dazuschalten und die Frittata übergrillen, bis die Oberfläche leicht gebräunt ist.

TIPP:

Für eine italienische Note 1 EL Olivenringe und 1 EL fein gehackten Knoblauch mit den Frühlingszwiebeln in die Pfanne geben. Ricotta-Ei-Masse wie beschrieben auf dem Gemüse verteilen und gleichmäßig mit 1 EL Pesto alla genovese beträufeln. Dann die Frittata wie beschrieben fertig garen.

ROTES KOKOS-GEMÜSE-CURRY

Extrafaule Version des Thai-Klassikers

FÜR 2 PERSONEN

1 rote Paprikaschote
1 EL Öl
1–2 EL rote Currypaste (Menge nach Geschmack und Schärfewunsch)
1 Pck. TK-Zwiebel-Duo
1 EL Rohrohrzucker
200 ml Kokosmilch
1 EL Limettensaft
Salz
250 g TK-Gemüse, gemischt

ZUBEREITUNGSZEIT: 20 MIN.
PRO PERSON: CA. 416 KCAL
7 G EW, 29 G F, 27 G KH

1 Die Paprikaschote putzen, waschen und in kleine Würfel schneiden.

2 Das Öl in einem Topf erhitzen. Currypaste darin mit dem Zwiebel-Duo und dem Zucker unter Rühren andünsten.

3 Die Kokosmilch mit 100 ml Wasser und ½ EL Limettensaft dazugeben, mit etwas Salz würzen. Die Paprikawürfel und das gefrorene Kaisergemüse dazugeben, aufkochen und zugedeckt bei geringer bis mittlerer Hitze ca. 8 Min. gar köcheln lassen.

4 Fertiges Curry mit Salz und dem übrigen Limettensaft abschmecken. Dazu passt Basmatireis oder thailändischer Duftreis.

TIPP:
Auch andere Gemüsesorten schmecken sehr gut in diesem roten Thai-Curry, zum Beispiel frische Zuckerschoten, Zucchini, TK-Prinzessbohnen und Bambussprossen (aus dem Glas oder der Dose).

RICE
3版

BLUMENKOHL-TIKKA-MASALA

Mildwürziger Veggie-Hit für Faule

FÜR 2 PERSONEN

2 kleine Zwiebel
1–2 Knoblauchzehen
1 Stück Ingwer (ca. 5 cm)
250 g Kirschtomaten
2 EL Öl
1 EL Honig (ersatzweise Agavendicksaft)
4 EL Tikka-Masala-Paste (aus dem Asienregal im Supermarkt)
1 TL gemahlene Kurkuma
400 g TK-Blumenkohlröschen
4 EL Cashewkerne
250 g Kokosmilch
Salz
2 EL Zitronensaft

ZUBEREITUNGSZEIT: 25 MIN.
PRO PERSON: CA. 600 KCAL
15 G E, 43 G F, 40 G KH

1 Zwiebel, Knoblauch und den Ingwer schälen und in kleine Würfel schneiden. Die Tomaten waschen und halbieren.

2 Das Öl in einem Topf erhitzen. Zwiebel und Ingwer darin anbraten, Knoblauch hinzufügen und kurz mitbraten. Honig, Tikka-Masala-Paste und Kurkuma dazugeben und unter Rühren leicht karamellisieren.

3 Die gefrorenen Blumenkohlröschen, Tomaten und Cashewkerne in den Topf geben und mit der Würzpaste verrühren. Die Kokosmilch und 300 ml Wasser dazugießen und alles zum Kochen bringen. Das Masala mit schräg aufgelegtem Deckel bei mittlerer Hitze 5 Min. kochen, dann offen 5 Min. einkochen lassen.

4 Das Blumenkohl-Tikka-Masala mit Salz und Zitronensaft abschmecken. Das Gemüse pur oder nach Belieben auch mit indischem Fladenbrot (z. B. Naan) oder Reis genießen.

ஊதல்
ஊசி
ஊஞ்சல்

4 X SCHNELLE ASIAPFANNE

CURRY-TOFU-NUDELN

Für 2 Personen
Pro Person: ca. 701 kcal, 22 g E, 41 g F, 57 g KH

100g **Mie-Nudeln** nach Packungsanweisung garen, kalt abschrecken und abtropfen lassen. 2 TL **Limettensaft**, 1–2 EL **Sojasauce**, 3 TL **Currypulver**, 1 Prise **Rohrohrzucker**, 2 TL **Speisestärke**, 1 EL **Gemüsebrühe** (Instant) und 4 EL **Wasser** verrühren, die Sauce mit **Salz** würzen. 2 kleine **Möhren** schälen, in feine Scheiben schneiden. 4 **Frühlingszwiebeln** putzen, waschen, in dünne Ringe schneiden. 80 g **Mungbohnensprossen** waschen und abtropfen lassen. 200 g **Tofu** würfeln, in 6 EL **Öl** rundum 5 Min. braun braten, auf Küchenpapier entfetten. Möhren 3–4 Min. bei starker Hitze braten. Sprossen und 2 EL **Cashewkerne** dazugeben und kurz mitbraten. Tofu und Frühlingszwiebeln untermischen, salzen. Sauce angießen und Nudeln untermischen. Mit Salz und **Limettensaft** abschmecken. Dazu passen Koriandergrün und süßscharfe Chilisauce.

GONG-BAO-CHICKEN

Für 2 Personen
Pro Person: ca. 600 kcal, 44 g E, 34 g F, 28 g KH

1 Stück **Ingwer** (ca. 5 cm) und 2 **Knoblauchzehen** schälen, würfeln. Mit 1 EL **Honig**, 2 EL **Sojasauce**, 2 TL **Speisestärke**, 2 EL **Aceto balsamico bianco** und 6 EL **Wasser** pürieren. 2 **grüne Paprikaschoten** putzen und waschen, 2 **Zwiebeln** schälen, beides klein schneiden. 300 g **Hähnchenbrustfilet** abbrausen, trocken tupfen und in ca. 1 cm breite Streifen schneiden. 1 TL **schwarze Pfefferkörner** (auch gut: Szechuan-Pfeffer) fein zerstoßen. In einer Pfanne Paprika und Zwiebel in 2 EL **Öl** bei starker Hitze 4 Min. pfannenrühren. Fleisch und 3 EL **Erdnusskerne** (gesalzen) dazugeben, 4 Min. weiterrühren, bis das Fleisch knapp gar ist. Pfeffer untermischen und Sauce angießen. Kurz einkochen lassen, bis alles glänzend überzogen ist. Eventuell noch Wasser zugeben, um den Bodensatz zu lösen. Mit etwas **Sojasauce** abschmecken. Pur oder mit Basmatireis genießen.

... mit denen man sich ratzfatz auf einen Streetfood-Markt in Bangkok oder Shanghai beamen kann.

ROTE THAI-GARNELEN

Für 2 Personen
Pro Person: ca. 325 kcal, 33 g E, 13 g F, 20 g KH

250 g gefrorene **TK-Brechbohnen** in einem Topf knapp mit **Salzwasser** bedecken, aufkochen und zugedeckt in 6 Min. bissfest garen. In ein Sieb abgießen, kalt abschrecken und abtropfen lassen. Dann die Bohnen in der Salatschleuder trocken schleudern, da sie beim Garen viel Flüssigkeit aufnehmen.
2 EL **Öl** in einer Pfanne erhitzen. Darin 500 g gefrorene **TK-Garnelen** (geschält) zugedeckt bei geringer Hitze 5 – 6 Min. dünsten, herausnehmen. Temperatur erhöhen und 2 TL **Rohrohrzucker** in der Pfanne karamellisieren.
2 EL rote **Thai-Currypaste** unterrühren. Bohnen dazugeben, in der Pfanne schwenken, bis sie heiß sind. Die Garnelen untermischen. Alles mit 2 EL **Limettensaft** und 4 EL **Wasser** ablöschen, gut durchschwenken. Mit ein wenig **Limettensaft** und **Salz** abschmecken. Pur oder mit Basmatireis genießen.

THAI-HACK-SALAT

Für 2 Personen
Pro Person: ca. 340 kcal, 21 g E, 23 g F, 11 g KH

4 **Frühlingszwiebeln** putzen, waschen und in dünne Ringe schneiden. 2 **Schalotten** und 2 **Knoblauchzehen** schälen und fein würfeln. 8 – 10 Stängel **Koriandergrün** abbrausen, trocken schütteln und die Blättchen abzupfen. 2 **rote Chilischoten** putzen, waschen und in dünne Ringe schneiden.
200 g **Schweinemett** in einer Pfanne ohne Fett bei starker Hitze in 4 – 5 Min. bröselig braten. Knoblauch und Chili dazugeben, kurz mitbraten. 1 – 2 TL **Rohrohrzucker** dazugeben und leicht karamellisieren. Pfanneninhalt mit den übrigen vorbereiteten Zutaten mischen. 2 EL **Limettensaft** und 1 – 2 EL **Fischsauce** (Asienladen) unterrühren, den Thai-Hack-Salat nach Belieben etwas **salzen**.
100 g **Salat-Mix** (mit Möhren und Weißkohl) waschen, trocken schleudern und auf zwei Teller verteilen. Salat darauf anrichten.

GRILLGEMÜSE MIT LIMETTEN

Ruckzuck-Rezept, das nach Urlaub schmeckt

FÜR 2 PERSONEN

1 rote Paprikaschote
4 große Champignons
1 rote Zwiebel
1 kleiner Zucchino
2 Bio-Limetten
2 EL Öl
1 EL Ahornsirup (oder Agavendicksaft)
2 TL getrockneter Rosmarin
2 Knoblauchzehen
Kräutersalz
Pfeffer
Alu-Grillschale

ZUBEREITUNGSZEIT: 20 MIN.
+ 30 MIN. MARINIEREN
+ 15 MIN. GRILLEN
PRO PERSON: CA. 208 KCAL
4 G EW, 13 G F, 14 G KH

1 Die Paprikaschote putzen, waschen und in grobe Stücke schneiden. Champignons putzen und halbieren. Zwiebel schälen und in 4 dicke Scheiben schneiden. Zucchino putzen, waschen und ebenfalls in dicke Scheiben schneiden. Die Limetten heiß waschen und halbieren.

2 Für die Marinade Öl mit Ahornsirup oder Agavendicksaft und Rosmarin verrühren. Den Knoblauch schälen und dazupressen, mit Kräutersalz würzen. Mit dem vorbereiteten Gemüse und den Limetten mischen und 30 Min. marinieren.

3 Das Gemüse in einer Aluschale verteilen und auf dem Grillrost 10 – 15 Min. grillen. Dabei immer wieder wenden. Limetten mit den Schnittflächen nach unten auf den Rost legen und ebenfalls grillen.

4 Das Gemüse auf Teller verteilen und mit Kräutersalz und Pfeffer würzen. Dann mit dem Saft der gegrillten Limetten beträufeln.

TIPP:
Tomaten, Auberginen und eingelegte Artischockenherzen eignen sich ebenso.

SWEETS

4 X SCHNELLES MIT STREUSELN ...

APRIKOSEN-CRUMBLE

Für 2 Personen
Pro Person: ca. 500 kcal, 7 g E, 29 g F, 51 g KH

Die doppelte Menge **Streusel** wie oben beschrieben zubereiten. Den Backofen auf 190° vorheizen. 50 g frische **Aprikosen** in ein Sieb geben und abtropfen lassen. Dann in zwei kleine Auflaufformen (ca. 12 cm Ø) geben, 1 TL **Bourbon-Vanillezucker** darüber streuen und mit 1 TL **Zitronensaft** beträufeln. Die Streusel darauf verteilen und die Crumble im heißen Backofen (Mitte, Umluft 170°) ca. 30 Min. backen, bis die Streusel schön gebräunt sind. Herausnehmen, etwas abkühlen lassen und noch lauwarm servieren.

VANILLEJOGHURT MIT HEISSEN HIMBEEREN

Für 2 Personen
Pro Person: ca. 468 kcal, 7 g E, 24 g F, 54 g KH

Den Backofen auf 190° vorheizen. Die **Streusel** wie oben beschrieben zubereiten, auf einem mit Backpapier ausgelegten Blech verteilen und im Ofen (Mitte, Umluft 170°) 20 – 25 Min. backen, bis sie goldbraun sind. Inzwischen ½ Glas **Himbeeren samt Saft** (200 g Inhalt) in einen Topf geben und mit ½ EL **Speisestärke**, ½ EL **Zucker** und ½ Tütchen **Bourbon-Vanillezucker** verrühren. Erhitzen und kurz köcheln lassen, bis die Flüssigkeit andickt. Zugedeckt warm halten. Streusel aus dem Ofen nehmen und leicht abkühlen lassen. 200 g **griechischen Joghurt** auf zwei Dessertschalen verteilen und mit der Sauce umgießen. Mit den warmen Streuseln bestreuen. Sofort servieren.

Für die Streusel 50 g Butter schmelzen. 75 g Mehl, 35 g Zucker, 30 g Mandelstifte und 1 Prise Salz hinzufügen und mit einem Holzlöffel bröselig rühren. Fertig!

MINI-KÄSEKUCHEN

Für 2 Personen

Pro Person: ca. 647 kcal, 15 g E, 45 g F, 45 g KH

Den Backofen auf 180° vorheizen. Für die Käsecreme 180 g **Frischkäse** mit 1 **Eigelb**, 1 EL **Speisestärke**, ½ Tütchen **Bourbon-Vanillezucker**, 1 EL **Zucker**, der abgeriebenen Schale von ½ **Bio-Zitrone** und 1 EL **Zitronensaft** verrühren. Zwei ofenfeste Gläser (à ca. 300 ml) oder Förmchen einfetten. Die Käsecreme hineingeben. Die **Streusel** wie oben beschrieben zubereiten und auf der Creme verteilen. Die Küchlein im heißen Backofen (Mitte, Umluft 160°) ca. 30 Min. backen, bis die Creme gestockt und die Streusel schön gebräunt sind. Aus dem Ofen nehmen und vollständig abkühlen lassen. Vor dem Servieren am besten noch mindestens 2 Std. kühl stellen.

ZIEGENFRISCHKÄSECREME MIT ERDBEEREN

Für 2 Personen

Pro Person: ca. 466 kcal, 12 g E, 30 g F, 37 g KH

Den Backofen auf 190° vorheizen. Die **Streusel** wie oben beschrieben zubereiten und auf einem mit Backpapier ausgelegten Blech verteilen. Im heißen Backofen (Mitte, Umluft 170°) 20–25 Min. backen, bis sie goldbraun sind. 150 g **Erdbeeren** waschen, putzen und je nach Größe halbieren oder in Scheiben schneiden. Mit ½ EL **Zucker** mischen und 10 Min. ziehen lassen. Die Streusel aus dem Ofen nehmen und leicht abkühlen lassen. Die Erdbeeren auf zwei Schälchen oder Gläser verteilen. 150 g **Ziegenfrischkäse** mit 100 g **Joghurt (10 %),** 1 TL **Zucker** und 1 Spritzer **Zitronensaft** verrühren und in die Schälchen geben. Mit den warmen Streuseln bestreuen und sofort servieren.

TIPP:

Wer mag, schneidet 2 Minzeblättchen in feine Streifen und gibt sie zu den Erdbeeren.

APFELPFANNKUCHEN MIT HONIGQUARK

Früchtchen mit raffiniertem Kick

FÜR 2 PERSONEN

4 Eier (M)
2 EL Milch
1 EL Honig
50 g Vollkornmehl
100 g Quark (20 % Fett)
4 EL Milch
1 EL Honig
2 Äpfel
2 EL Öl

ZUBEREITUNGSZEIT: CA. 25 MIN.
PRO PERSON: CA. 550 KCAL
26 G EW, 28 G F, 47 G KH

1 Für die Pfannkuchen die Eier mit Milch und Honig in einer Schüssel verquirlen. Das Vollkornmehl einrühren und den Teig ca. 5 Min. ruhen lassen.

2 In der Zwischenzeit für den Honigquark den Quark mit Milch und Honig verrühren. Bis zum Servieren kühl stellen.

3 Die Äpfel schälen und bis auf das Kerngehäuse auf einer Küchenreibe grob raspeln. Die Apfelraspel sofort unter den Teig heben, damit sie sich nicht verfärben.

4 In einer kleinen beschichteten Pfanne (ca. 20 cm Ø) 1 EL Öl bei mittlerer Hitze heiß werden lassen. Die Hälfte des Teigs in die Pfanne geben und gleichmäßig darin verteilen. Den Pfannkuchen ca. 3 Min. backen, dann wenden und von der zweiten Seite ebenfalls ca. 3 Min. backen. Danach aus der Pfanne nehmen und warm stellen. Das restliche Öl in der Pfanne erhitzen und aus dem übrigen Teig einen zweiten Pfannkuchen backen.

5 Die fertigen Pfannkuchen auf zwei Teller gleiten lassen. Jeweils die Hälfte des Honigquarks darauf verteilen, zu Vierteln zusammenklappen und sofort servieren.

HEIDELBEEROMELETT MIT MANDELN

Luftig leicht und ganz einfach

FÜR 2 PERSONEN

100 g Heidelbeeren (ersatzweise TK-Heidelbeeren)
4 Eier (M)
100 ml Milch
70 g gemahlene Mandeln
30 g Honig
1 Prise Salz
2 EL Butter

ZUBEREITUNGSZEIT: 25 MIN.
PRO PERSON: CA. 555 KCAL
24 G EW, 42 G F, 19 G KH

1 Die Heidelbeeren verlesen, behutsam waschen und abtropfen lassen (tiefgekühlte Beeren antauen lassen). 3 Eier trennen. Die Eigelbe und das restliche Ei mit Milch, Mandeln, Honig und Salz in einer Schüssel mit dem Schneebesen gut verrühren. Die Eiweiße mit dem Handrührgerät sehr steif schlagen und den Eischnee behutsam unter die Eigelbmasse heben.

2 Die Hälfte der Butter in einer beschichteten Pfanne (ca. 24 cm Ø) bei geringer Hitze aufschäumen lassen. Die Hälfte der Eiermasse hineingeben und durch Schwenken gleichmäßig in der Pfanne verteilen. Die Hälfte der Heidelbeeren daraufstreuen. Die Pfanne mit einem Deckel abdecken und das Omelett ca. 8 Min. backen. Danach aus der Pfanne nehmen und warm stellen.

3 Die übrige Butter in der Pfanne schmelzen. Die restliche Eiermasse hineingeben, mit den übrigen Heidelbeeren bestreuen und wie beschrieben ein zweites Omelett backen. Omeletts auf zwei Teller gleiten lassen, zusammenklappen und sofort servieren.

TIPP:
Heidelbeeren besitzen nur wenig Zucker. Das macht die kleinen blauen Kraftpakete für die Low-Carb-Ernährung besonders attraktiv. Wenn Sie mal Abwechslung auf dem Teller wollen, bestreuen Sie die Omeletts mit Johannisbeeren.

KOKOSPUDDING MIT ANANAS UND MINZE

Schnelles Dessert

FÜR 2 PERSONEN

150 ml Kokosmilch
50 ml Milch (1,5 % Fett)
1 EL brauner Zucker
½ TL abgeriebene Schale von einer unbehandelten Zitrone
½ TL fein gehackte Ingwerwurzel
½ TL Agar-Agar-Pulver
150 g frische Ananas (mit Schale und Strunk gewogen)
1–2 Zweige Minze

ZUBEREITUNGSZEIT: 15 MIN. + 3 STD. KÜHLEN
PRO PERSON: CA. 206 KCAL
3 G EW, 17 G F, 10 G KH

1 Mit einem Handrührgerät die Kokosmilch mit Milch, Zucker, Zitronenschale und Ingwer verrühren. Das Agar-Agar-Pulver mit 1 EL Wasser verrühren und die Lösung mit der Kokosmischung vermischen.

2 Die Kokosmischung in einem kleinen beschichteten Topf unter Rühren zum Kochen bringen und kurz kochen. Dann in Förmchen gießen und 3 Std. zum Festwerden kalt stellen.

3 Die Ananas schälen. Den harten Strunk und die harten Augen entfernen. Das Fruchtfleisch in Scheibchen schneiden. Die Minze waschen, trocken schütteln und die Blättchen abzupfen.

4 Die Kokospuddings auf kleine Teller stürzen, mit Ananas und Minzeblättchen garnieren.

ERDBEER-TOFU-CREME MIT PINIENKERNEN

Mit Knusper-Plus

FÜR 2 PERSONEN

200 g Erdbeeren
1 EL brauner Zucker
1 Päckchen Bourbon-Vanillezucker
100 g Tofu
2 EL Pinienkerne
50 ml ungesüßter Sojadrink
1 EL Rapsöl

ZUBEREITUNGSZEIT: 15 MIN.
PRO PERSON: CA. 268 KCAL
12 G EW, 15 G F, 20 G KH

1 Die Erdbeeren putzen, waschen und in kleine Stücke schneiden und mit Zucker und Vanillezucker fein pürieren.

2 Tofu kalt abwaschen, trocken tupfen und in kleine Stücke schneiden. Die Pinienkerne in einer trockenen Pfanne kurz anrösten.

3 Mit dem Handrührgerät das Erdbeerpüree, Tofu, Sojadrink und Öl in einem Mixer auf hoher Stufe zu einer glatten Creme pürieren.

4 Die Erdbeer-Tofu-Creme portionsweise anrichten und mit den gerösteten Pinienkernen bestreuen.

TIPP:

Dieses Rezept kann man auch mit superweichem Seidentofu zubereiten. Dann aber den Sojadrink weglassen.

KIRSCH-QUARK-SOUFFLÉ

Schnell gezaubert

FÜR 2 PERSONEN

250 g Süßkirschen
1 TL Butter
2 Eier
150 g Magerquark
1 EL Mehl
2 EL gemahlene Haselnüsse
½ TL abgeriebene Schale von einer unbehandelten Zitrone
2 Pck. Bourbon-Vanillezucker
½ EL Zucker

ZUBEREITUNGSZEIT: 20 MIN. + 25 MIN. BACKEN
PRO PERSON: CA. 342 KCAL
19 G EW, 14 G F, 33 G KH

1 Den Backofen auf 200° vorheizen. Die Kirschen waschen, abtropfen lassen und entsteinen. Eine Form mit der Butter ausstreichen. Den Boden der Form mit den Kirschen bedecken.

2 Die Eier trennen. Mit dem Handrührgerät den Quark, Eigelbe, Mehl, gemahlene Haselnüsse und Zitronenschale glatt rühren.

3 Die Eiweiße steif schlagen. Den Vanillezucker und den Zucker nach und nach unterrühren. Ein Drittel des Eischnees mit der Quarkmasse gut verrühren. Den restlichen Eischnee vorsichtig unterheben.

4 Die Masse auf den Kirschen verteilen. Das Soufflé im Ofen (Mitte, Umluft 180°) 25 Min. backen. Während der ersten 20 Min. den Ofen nicht öffnen. Das Soufflé sofort servieren.

GRATINIERTE FRÜCHTE

Himmlisch lecker

FÜR 2 PERSONEN

2 Pfirsiche
100 g Erdbeeren
150 g Joghurt (3,5 % Fett)
2 Eier
2 TL Zucker
½ TL abgeriebene Schale von einer unbehandelten Zitrone
¼ TL Zimtpulver
20 g Mandelstifte

ZUBEREITUNGSZEIT: 20 MIN. + 20 MIN. BACKEN
PRO PERSON: CA. 237 KCAL
11 G EW, 14 G F, 16 G KH

1 Den Backofen auf 200° (Umluft 180°) vorheizen. Die Pfirsiche kurz in kochendes Wasser legen, kalt abschrecken und die Haut abziehen. Die Pfirsiche halbieren und den Stein entfernen. Das Fruchtfleisch in kleine Schnitze schneiden.

2 Die Erdbeeren waschen, die Kelchblätter abzupfen und die Beeren halbieren. Pfirsichschnitze und Erdbeerhälften dachziegelartig in eine flache beschichtete Form legen.

3 Mit dem Handrührgerät Joghurt, Eier, Zucker, Zitronenschale und Zimt glatt rühren. Den Guss über die Pfirsiche gießen. Das Gratin mit Mandelstiften bestreuen und im Ofen (Mitte) ca. 20 Min. backen.

TAGESPLÄNE JEWEILS FÜR 1 PERSON

4 X KRÄUTERFRISCHE FRÜHJAHRSTAGE

• **Morgens:** Ziegenfrischkäsecreme mit Erdbeeren (Seite 111) | ca. 500 kcal • **Mittags:** Wrap mit Rucola-Ziegenkäse-Füllung (Seite 19) | ca. 518 kcal oder Spargel-Brot-Salat (Seite 46) | ca. 483 kcal • **Abends:** Karibischer Shrimps-Topf mit blitzschnellem frischem Tomatenpüree (Seite 66) | 304 kcal oder Rotes-Kokos-Gemüse-Curry (Seite 100) | ca. 416 kcal • **Zum Genießen zwischendurch:** Beeren-Smoothie (Seite 17) | ca. 171 kcal oder Gemüsesticks in geräucherter Putenbrust mit Senfrahm (Seite 21) | ca. 242 kcal

• **Morgens:** Rührei mit frischen Frühlingskräutern (Seite 30) und dazu ein Green-Power-Smoothie (Seite 12) | ca. 196 kcal • **Mittags:** Wrap mit Acocado-Apfel-Füllung (Seite 18) | ca. 473 kcal oder Rucolasalat mit Lachstartar (Seite 70) | ca. 230 kcal • **Abends:** Spargelcurry (Seite 96) | ca. 205 kcal oder Gemüse-Ricotta-Frittata (Seite 98) | ca. 385 kcal • **Zum Snacken zwischendurch:** Tofusticks mit Aioli (Seite 21) | ca. 225 kcal oder Gemüsesticks (50 g Möhren, 200 g Salatgurke, ½ gelbe Paprikaschote)

• **Morgens:** Avocado-Banane-Minze-Smoothie (Seite 10) | ca. 380 kcal oder Ziegenkäse-Omelett (Seite 36) | ca. 355 kcal • **Mittags:** Ziegenkäseomelett mit Rucola-Tomaten-Topping (Seite 36) | ca. 355 kcal • **Abends:** Gong-Bao-Chicken (Seite 104) | ca. 270 kcal oder Curry-Tofu-Nudeln (Seite 104) | ca. 701 kcal • **Zum Genießen zwischendurch:** ein paar Walnüsse, Mandeln, Cashewkerne oder ein Naturjoghurt

• **Morgens:** Italienisches Rührei (Seite 38) | ca. 440 kcal • **Mittags:** Tomatensalat mit Kichererbsen (Seite 54) | ca. 432 kcal oder Sesam-Süßkartoffeln mit Mojo (Seite 21) | ca. 446 kcal • **Abends:** Steak mit Zitronencouscous (Seite 80) | ca. 845 kcal oder Fisch mit Knoblauch-Nuss-Mix (Seite 72) | ca. 317 kcal

4 x LEICHTE, LECKERE SOMMERTAGE

• **Morgens:** Himbeer-Gazpacho-Shot (Seite 14) | ca. 105 kcal sowie 100 g klein gewürfelte Papaya oder Erdbeeren • **Mittags:** Wrap mit Feta-Tomaten-Füllung (Seite 18) | ca. 572 kcal oder Gefüllte Tomaten mit Thunfisch (Seite 26) | ca. 345 kcal • **Abends:** Chili-Shrimps (Seite 64) | ca. 263 kcal oder Blattsalat mit Steakstreifen (Seite 78) | ca. 360 kcal • **Zum Snacken zwischendurch:** 1 Tomate in Spalten und 150 g Salatgurke in Sticks | ca. 250 kcal

• **Morgens:** Beeren-Smoothie (Seite 17) | ca. 171 kcal oder Italienisches Rührei (Seite 38) | ca. 440 kcal • **Mittags:** Paprika-Tortilla (Seite 34) | ca. 667 kcal oder Rote Thai-Garnelen (Seite 105) | ca. 325 kcal • **Abends:** Gefüllter Tofu für den Grill (Seite 94) | ca. 460 kcal oder Mittelmeer-Röllchen mit Schweinefilet (Seite 84) | ca. 311 kcal • **Zum Genießen zwischendurch:** Avocado-Banane-Minze-Smoothie (Seite 10) | ca. 380 kcal

• **Morgens:** Limetten-Lassi (Seite 17) | ca. 176 kcal, dazu 100 g klein geschnittene Früchte (z. B. Beeren, Pfirsiche, Aprikosen) • **Mittags:** Caprese mit Ei und Parmesan (Seite 40) | ca. 250 kcal und dazu Zucchininudel-Salat (Seite 58) | ca. 150 kcal oder Thai-Hack-Salat (Seite 105) | ca. 340 kcal • **Abends:** Rucolasalat mit Lachstartar (Seite 70) | ca. 230 kcal oder Zucchini-Apfel-Gratin (Seite 92) | ca. 303 kcal • **Zum Snacken zwischendurch:** Himbeer-Gazpacho-Shot (Seite 14) | ca. 105 kcal

• **Morgens:** Zucchinomelett (Seite 32) | ca. 407 kcal oder Vanille-Joghurt mit Himbeeren (Seite 110) | ca. 468 kcal • **Mittags:** Melonen-crostini (Seite 20) | ca. 429 kcal oder Tomaten-Kaki-Salat mit Feta (Seite 49) | ca. 240 kcal • **Abends:** Gemüse-Ricotta-Frittata (Seite 98) | ca. 385 kcal oder Steak mit Zitronencouscous (Seite 80) | ca. 845 kcal

4 X WÜRZIG-WOHLIGE HERBSTTAGE

• **Morgens:** Mango-Kokos-Ingwer-Smoothie (Seite 11) | ca. 265 kcal • **Mittags:** Herbstlicher Linsensalat (Seite 47) | ca. 427 kcal • **Abends:** Zucchini-Apfel-Gratin (Seite 92) | ca. 303 kcal • **Zum Snacken zwischendurch:** Herzhafter Obstsalat (Seite 24), dazu 30 g schwarze Oliven und je ½ gelbe Paprikaschote und rote Zwiebel in Streifen | 175 kcal

• **Morgens:** Hart gekochtes Ei (Seite 30) und Feldsalat-Ananas-Basillikum-Smoothie (Seite 11) | ca. 174 kcal • **Mittags:** Paprika-Tortilla (Seite 34) | ca. 667 kcal • **Abends:** Shellfisch mit Kürbisgemüse (Seite 74) | ca. 360 kcal oder Gratiniertes Senfhähnchen (Seite 82) | ca. 400 kcal • **Zum Genießen zwischendurch:** Gemüsesticks in geräucherter Putenbrust mit Senfsauce (Seite 21) | ca. 242 kcal

• **Morgens:** Aprikosen-Crumble (Seite 110) | ca. 500 kcal • **Mittags:** Brokkoli mit Grapefruitsahne (Seite 97) | ca. 170 kcal oder Herbstlicher Linsensalat (Seite 47) | ca. 427 kcal • **Abends:** Ofenlachs mit Brokkolistampf (Seite 76) | ca. 475 kcal und dazu ein Möhren-Radicchio-Salat (Seite 47) | ca. 306 kcal • **Zum Snacken zwischendurch:** Auberginenröllchen (Seite 20) | ca. 214 kcal oder ein paar Pekan- oder Haselnüsse, Mandeln oder Pistazien, kleine Grapefruit

• **Morgens:** Italienisches Rührei (Seite 38) | ca. 440 kcal • **Mittags:** Blattsalat mit Steakstreifen (Seite 78) | ca. 360 kcal • **Abends:** Fisch mit Knoblauch-Nuss-Mix (Seite 72) | ca. 317 kcal • Zum Genießen zwischendurch: Tofusticks mit Aioli (Seite 21) | ca. 225 kcal

4 X STÄRKENDE WINTERTAGE

• **Morgens:** Himbeer-Dattel-Nuss-Smoothie (Seite 10) | ca. 340 kcal oder Apfelpfannkuchen mit Honigquark (Seite 112) | ca. 550 kcal • **Mittags:** Wrap mit Avocado-Apfel-Füllung (Seite 18) | ca. 473 kcal, nach Belieben mit Gebratenem Chicoree (Seite 90) | ca. 168 kcal oder Indischen Kokoserbsen (Seite 90) | ca. 207 kcal • **Abends:** Rotes-Kokos-Gemüse-Curry (Seite 100) | ca. 416 kcal • **Zum Aufwärmen zwischendurch:** Warmer Möhrensalat (Seite 56) | ca. 399 kcal

• **Morgens:** Feldsalat-Ananas-Basillikum-Smoothie (Seite 11) | ca. 174 kcal • **Mittags:** Wrap mit Spinat-Kichererbsen-Füllung (Seite 19) | ca. 750 kcal • **Abends:** Rinderfilet mit Rotweinsauce (Seite 86) | ca. 286 kcal und dazu ein Feldsalat mit Smoothie-Dressing (Seite 48) | ca. 205 kcal oder Rote-Bete-Salat mit Räucherforelle (Seite 68) | ca. 117 kcal • **Zum Genießen zwischendurch:** Avocadofächer mit Garnelen und Tomaten-Paprika-Salsa (Seite 23) | ca. 247 kcal

• **Morgens:** Spiegelei (Seite 31) und Green-Power-Smoothie (Seite 12) | ca. 196 kcal oder Kokospudding mit Ananas und Minze (Seite 116) | ca. 206 kcal • **Mittags:** Brokkoli mit Grapefruitsahne (Seite 97) | ca. 170 kcal • **Abends:** Rote-Bete-Carpaccio (Seite 50) | 193 kcal oder Gratiniertes Senfhähnchen (Seite 82) | ca. 400 kcal

• **Morgens:** Heidelbeeromelett mit Mandeln (Seite 114) | ca. 555 kcal • **Mittags:** Avocado-Bohnen-Salat (Seite 52) | ca. 363 kcal • **Abends:** Blumenkohl-Tikka-Masala (Seite 102) | ca. 600 kcal • **Zum Snacken:** Apfelspalten mit Nüssen

REGISTER VON A–Z

Genehmigte Lizenzausgabe für Weltbild GmbH & Co. KG,
Werner-von-Siemens-Str. 1, 86159 Augsburg

Autoren

Elisabeth Fischer, Caroline Hausmann, Martin Kintrup, Claudia Lenz, Doris Muliar, Christa Schmedes, Nico Stanitzok, Cornelia Trischberger, Gregor Velske

Satz und Redaktion

bookwise GmbH, München

Bildnachweis

Coco Lang: Seite 2, 3, 4, 5, 10, 11, 12, 13, 14, 15, 20, 21, 24, 25, 26, 27, 38, 39, 40, 41, 42, 43, 46, 47, 48, 49, 50, 51, 52, 53, 54, 55, 56, 57, 58, 59, 74, 75, 76, 77, 78, 79, 80, 81, 82, 83, 98, 99, 100, 101, 102, 103, 104, 105, 106, 107; Jörn Rynio: Seite 120, 121, Ulrike Schmid/Sabine Mader: Seite 62, 63; Monika Schürle/Maria Grossmann: Seite 8, 9, 88, 89; Anke Schütz: Seite 44,45, 108, 109; Studio Eising: Seite 28, 29, 112, 113, 114, 115; Studio L'EVEQUE Harry & Tanja Bischof: Seite 22, 23, 92, 93, 97, 116, 117, 118, 119, Michael Wissing: Seite 6, 7, 16, 17, 18, 19, 30, 31, 32, 33, 34, 35, 36, 37, 60, 61, 64, 65, 66, 67, 68, 69, 70, 71, 72, 73, 84, 85, 86, 87, 90, 91, 94, 95, 96, 110, 111, 122, 123.

Umschlaggestaltung

Maria Seidel, atelier-seidel.de

Druck und Bindung

POLYGRAF PRINT spol. s.r.o.
Prešov
Slowakische Republik

978-3-8289-2914-2

2021 2020 2019
Die letzte Jahreszahl gibt die aktuelle Lizenzausgabe an.